名师名校名校长

凝聚名师共识
回应名师关怀
打造名师品牌
培育名师群体

程明遗墨

大概念、深主题、精活动

——深度体验型主题班会的设计与实施

吴景殿　编著

西安出版社

图书在版编目（CIP）数据

大概念、深主题、精活动：深度体验型主题班会的
设计与实施 / 吴景殿编著. — 西安：西安出版社，
2024.5

ISBN 978-7-5541-7512-5

Ⅰ.①大… Ⅱ.①吴… Ⅲ.①班会－活动课程－课程
设计－中小学 Ⅳ.①G635.5

中国国家版本馆CIP数据核字（2024）第105938号

大概念、深主题、精活动：深度体验型主题班会的设计与实施
DAGAINIAN SHENZHUTI JINGHUODONG SHENDU TIYANXING ZHUTI BANHUI
DE SHEJI YU SHISHI

出版发行：西安出版社
社　　址：西安市曲江新区雁南五路 1868 号影视演艺大厦 11 层
电　　话：（029）85264440
邮政编码：710061
印　　刷：北京政采印刷服务有限公司
开　　本：787mm×1092mm　1 / 16
印　　张：14.5
字　　数：233千字
版　　次：2024 年 5 月第 1 版
印　　次：2024 年 7 月第 1 次印刷
书　　号：ISBN 978-7-5541-7512-5
定　　价：58.00 元

谨以此书献给

与我一起学习、研究的内乡县第四小学和名班主任工作室的小伙伴们及我自己

一路相伴，一路芬芳

编委会

深度体验：主题班会的有效方式

认真阅读了《大概念、深主题、精活动——深度体验型主题班会的设计与实施》文稿，和吴景殿老师就这本书的创作历程进行了深入交流，让我对深度体验型主题班会有了更为深入的了解。2023年，南阳市教育局在全市范围内推出了"万名班主任班会课大比武"活动，提出了以借班上课的方式，现场由师生共同完成一节微班会课，时长控制在20分钟以内，重点考查班主任的综合素质、专业水平和育人能力。吴老师及其团队核心成员两次参加了赛课活动并担任评委，全程观摩了近百节主题班会课。在大家的共同努力下，这本酝酿着智慧与心血的教育专著就要与大家见面了。在不断地阅读、思考和交流中，我一直在思考以下三个问题。

一、什么是一节好的主题班会课

主题班会是引领学生进行自我道德建构的，是实现学生自我教育的重要德育活动形式，其目的是引领学生在真实的情境中，通过各种活动实现道德水平由认知到情感、意志、行动的主动飞越，实现由他律向自律转变的一个过程。在实施中，要特别重视学生求真意识和终身发展的需求。什么样的班会课才是一节好的班会课呢？我认为可以从以下方面进行全过程评价。

（1）主题确定。围绕主题，重点突出，导向正确，能够从学生年龄特征、认知水平等实际出发，契合学生需求，且针对性强。

（2）内容选择。能够运用学生易于接受的内容说明问题，言之有物，贴近生活；展现的文字、图片、视频等内容选择得当，具有吸引力和感染力。

（3）课程设计。课程形式新颖多样，能够采用讨论、视频、游戏、表演、演唱、朗读等方式，设计合理且贴合主题。

（4）实施过程。整体结构清晰，步骤具体，过程完整，具有层次性和逻辑性，环节推进与转换自然，时长控制适当；充分体现主题，打造"师生互动、生生互动"的学习环境，展现学生的主体性、全员性和班级精神；学生积极参与全过程，创造性地提出问题并解决问题。

（5）班会效果。达到班会预期目的，学生通过班会有发现、有收获、有感悟；学生参与的积极性高，班会主题能够渗透到学生内心，达到教育与引导的实效。

全过程评价，既包含对主题班会整体设计过程的评价，也包含对整个课堂实施过程的评价。基于这个评价，一个成功的主题班会应该具备以下几个标准：首先，班会的目的要明确，能够激发学生的兴趣，让学生有所收获。其次，班会的内容要有针对性，能够解决学生的实际问题，比如如何提高学习成绩、如何处理人际关系等。再次，班会的形式要多样化，可以采用讨论、游戏、分享等形式，让学生更加容易接受。最后，班会的气氛要融洽，教师要尊重学生，鼓励学生发表自己的观点，让每个学生都能够感受到被关注和被尊重。

二、什么是我们应该做出改变的

在和吴老师的交流中，他谈道：在近百节的主题班会课堂上看到了许多可喜的变化，传统的灌输式、表演式主题班会正逐步被取代。具体表现在，结构意识增强，能按照完整的流程设计和实施一节班会课；活动意识增强，整节班会课中活动形式不再局限于传统的教师讲解、图片、视频等固化模式，出现了许多崭新的形式，如"现场连线""邀请嘉宾""情景表演"，活动丰富多彩；主题意识增强，能够围绕主题展开教学，偏离主题的很少；互动意识增强，课堂上教师有引导学生主动参与活动并分享的意识；创造意识增强，部分教师在活动设计上有了新的突破，融入了崭新的活动方式，如"实践融入""项目展示"等，课堂创造的意识明显加强。但是如何让主题班会更具实效性，很多主题班会课表现得不是很理想，主要呈现出了以下现象。

第一，师生情感不能共鸣。往往一节课教师激动得痛哭流泪，学生却表现得无动于衷；教师整节课慷慨陈词，学生却反应甚微，表情木然。

第二，丰富活动难以共情。一节课教师的活动形式丰富多彩，但是课堂呈现出来的却是教师激情满满，学生毫无生机。

第三，创新改变无法共得。教师的创新形式很多，但是课堂上却没有真正收到实效，学生普遍收获寥寥。

近几年，全国有很多省市都在举行班主任基本功大赛和班会课比赛，班会课的重要性确实不言而喻。大部分学校也要求每周至少上一次班会课，可事实上，很多班主任都有些畏难情绪，究其原因是不会上、上不好。这些问题一直困扰着我们广大的班主任。

对此，吴老师组织团队成员进行了细致的分析与研讨，站在"体验学习圈"理论的基础上，提出了"深度体验型主题班会"的概念。他们认为深度体验型主题班会是一种以学生为主体，以主题为核心，强调以活动为主线，通过深度体验的方式进行的班会形式。它强调学生的主体地位，鼓励学生通过实践活动，主动探究、发现问题、解决问题，用丰富多样的活动方式让学生去体验、去领悟，强调学生的亲身经历，强调真实情境的植入，通过深度体验的过程循环，引导学生在活动中发现自我价值、提高道德品质。这是一种基于实践的有效创新，值得我们去思考与改变。

三、什么是我们可以思考与实践的

这本书着重从"深度体验型主题班会的内涵与价值""深度体验型主题班会的五大原则""深度体验型主题班会的四项定位""深度体验型主题班会的六个程序""深度体验型主题班会的五个实施要领"五个方面将理论与实践进行了有效融合，阐述了"大概念、深主题、精活动"核心理论下的深度体验型主题班会有效设计与实施的方向与途径。

我推荐此书最主要的原因是，全书既不是纯高深的理论，让人读起来太费劲，也不是只有简单的案例，让人读起来太乏味，而是每一章节都结合一线班主任的实际，讲解了主题班会的操作方法等理论知识，又加入了正反互补的实例，详细地阐述了主题班会的操作流程及细节，读完不仅知其然，而且知其所以然。整本书通俗易懂，简单明晰，翔实细致，一学就会。同时将逻辑性、层次性、活动性、创新性原则运用于整节主题班会课的设计与实施，致力于形成科学化、体系化的班会设计与实施框架，有效帮助一线班主任解决迫切问题，更好地用班会处理好班级和学生面临的问题。

本书最大的特点是，它充分依据"学习体验圈""人本主义教育""心理社会发展""大活动"等科学理论，并与新课程标准2022版的具体要求进行了紧密的连接，提出了以"前中后一体化联结"为主体，以"大概念、深主题、精活动"为核心的深度体验型主题班会新模型，实现了主题班会课程化、主体化、项目化的设计思路及活动模式。深度体验型主题班会将真实化、情景化的内容融入教学，提出了家校社协同的主题班会运行模式，努力实现全面、全程、全方位育人新格局，触发各方情感共鸣，让课堂真实有效。

同时，在这本书中，我们也可以提炼出基于"五有"的表现型评价，让你做到上课心中有数、评价有据可依。所谓表现型评价通常要求学生在某种特定的真实情境或模拟情境中，运用先前所获得的知识完成某项任务或解决某个问题，以考查学生知识与技能的掌握程度，或者多种复杂能力的发展状况。把这一理论运用到班会课堂的整体评价上，以"五有"为标准，更加强调真实体验情境的创设及活动体验的深入，更加便于操作和具有指向性。强调好的班会课，要"有核"，凸显价值导向；要"有料"，以丰富活动引起学生参与的热情；要"有人"，能够充分体现"双主"地位；要"有情"，引起情感的深度共鸣；要"有新"，用创新引发学生深度体悟。让主题班会最大限度地"贴近"学生，"贴近"学生的生活，"贴近"班级的整体运行与发展，让主题班会真正有效起来，可能这就是吴老师及其团队提出"深度体验型主题班会"的价值所在，值得我们去思考与实践。

希望这本书能够成为班主任们连接自我与学生心灵的一把钥匙，成为沟通学校与家校社生活的一座桥梁，引导所有孩子在"大活动、大概念"理论的指引下，成长为有本领、有责任、有担当的人。

王振刚

2024年1月

目 录

第一章　深度体验型主题班会的内涵与价值

第二章　深度体验型主题班会的五大原则

第五章　深度体验型主题班会的五个实施要领

深度体验型主题班会的
内涵与价值

　　班会课是一种特殊的课程，它的主要目的是促进班级的团结和协作，提高学生的社会实践能力，培养学生的集体主义精神和社会责任感。在班会课上，学生可以通过各种活动，如讨论、角色扮演、小组合作等，来增强他们的团队协作能力和解决问题的能力。

　　班会课是一种集体活动，学生需要共同参与、共同讨论，进而共同解决问题。班会课提供了一种社会实践的机会，让学生在实践中学习和成长。

　　班会课是一种教育方式，它可以培养学生的集体主义精神和社会责任感。它是促进师生生命拔节的重要形式，已经成为学生自我教育、自我管理、自我服务的重要手段。上好班会课成为每一位班主任的必修课，如何让班会课成为一种更有效的教育手段，对此，我们引入了深度体验式学习的概念。

第一节　什么是深度体验式学习

美国教育家苏娜丹戴克曾说过："告诉我，我会忘记；做给我看，我会记住；让我参加，我就会完全理解。"体验式学习是一种以学习者为中心的教育或培训方式，通过实践和反思，促进个人和团体知识的增长和能力的发展。它强调参与、实践、反思和交流，可以帮助学习者更好地理解和应用所学知识，增强其实际解决问题的能力，是一种更有效的学习方式。

深度体验式学习是"体验式学习"的再次延伸与循环，是基于真实情境和真实生活的多次"体验式学习"的总和，是指在体验式学习的基础上，通过多次深入探究、思考、实践等方式，让学生更深入地理解和掌握知识，从而达到更好的教育效果。

我们以学骑自行车为例，来探究一下"体验式学习"和"深度体验式学习"的区别与联系。学骑自行车只靠别人给你灌输要"双手扶好把，双眼看前方，使劲向前蹬，不要停"等要点知识，仅懂这些知识而不进行真实情境的体验是没有用的。所有真正有效的学习是从初学者第一次骑上自行车的那一刻开始的，"体验：第一次骑车时摔倒""反省：我为什么会摔倒""思考：我该怎么做才会不摔倒""实践：再次骑上自行车骑行"……由"体验—反省—思考—实践"诸环节的完成，经历了一次体验式学习的过程。但是仅仅一个过程很难让一个初学者学会骑行，必须反复经历第二个、第三个、第四个甚至更多的体验过程，逐渐地他就完全学会了骑行，再经过真实环境的反复锤炼，这项技能便会变得游刃有余，而这便是深度体验式学习。

深度体验式学习通常包括以下步骤：①创设情境：设定一个具体的情境或问题，让学习者能够亲身经历；②实践探索：学习者在所创设的情境中参与实践活动，如动手操作、团队协作等，尝试解决问题；③反馈交流：在实践过程中或结束后，学习者分享他们的经验和教训，并从他人或教师的反馈中获取新的理解和启示；④反思总结：学习者反思自己的经历，提炼经验教训，形成自己的认识和领悟；⑤应用创新：学习者将所获得的知识、技能和态度应用到新的情境中，进一步巩固和扩大学习成果。

深度体验式学习是一种学习方式，强调学习者通过深入、直接和亲自的体验来获得知识和技能。这种方式强调实践、反思和自主学习，以促进深度学习和知识整合。深度体验式学习有以下主要特点：

（1）亲身实践：学习者通过亲身实践来获得经验和知识，而不是仅仅通过听讲或阅读。这种实践可以是模拟的、真实的或是两者相结合的。

（2）反思性：学习者在实践后进行反思，以理解他们的行为如何影响结果，并从中学习。这种反思可以个人独立完成或与他人一起进行。

（3）自主学习：学习者对自己的学习负责，主动寻找和解决问题，而不是被动接受知识。

（4）整合性：深度体验式学习通常涉及跨学科的知识和技能，学习者需要将这些知识和技能整合到他们的日常生活中。

（5）持续性：深度体验式学习是一个持续的过程，其中学习者不断迭代和改进他们的知识和技能。

深度体验式学习是一种非常有效的教学方式，它能够提高学生的主动学习能力，培养他们的实践能力、创新思维和团队协作能力，只要我们能够充分利用其优点，就能为学生提供更好的教育。

第二节　什么是深度体验型主题班会

体验学习圈理论是由美国教育家大卫·库伯提出的，他认为学习是通过在体验中获得知识、技能和态度，并将其应用于实践，然后在实践中不断反思和总结经验，形成新的认识和观念。这个理论强调学习者在体验中获得学习效果，并且学习者需要积极参与到学习过程中。这本书中提出的对于主题班会整体深度设计和实施的想法大部分基于此理论。大卫·库伯认为，体验学习的过程分为具体经验、观察反思、抽象概括和主动检验四个部分，而有效的学习是从体验开始的。我们根据大卫·库伯提出的"体验学习圈"理论，提出了"深度体验型主题班会"的概念（图1-2-1）。

直接经验：经验学习的起点

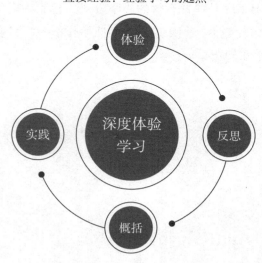

抽象概括：非经验学习的起点

图1-2-1

深度体验型主题班会是一种以学生为主体，以适合学生成长需求、适合学生年龄特点的主题为核心，强调以活动为主线，通过深度体验的方式进行的班会形式。它强调学生的主体地位，鼓励学生通过实践活动，主动探究、发现问题、解决问题，用游戏、社会实践活动、经历模拟、情境思辨、演讲、文艺表演、化学实验、折纸、讨论、分享等方式让学生去体验、去领悟；它强调要用接近学生生活实际的素材引领学生展开真实的学习；它注重学生的亲身经历，用真实情境的植入，通过体验、分享、总结、实践的过程循环，引导学生在活动中发现自我价值、塑造健康人格、提高道德品质。

案例：深度体验是一种过程循环

《谁才是真正的YYDS？》说课稿

【班会背景】

东京奥运会之后，"YYDS"以势不可挡的态势成为"热词"，成为学生的口头禅。在对班级的一项名为"谁是你心中的YYDS"调查中，有超过85％的学生选择了娱乐明星、游戏明星……如何引领他们心中有信仰、脚下有力量？我设定了以下班会目标。

【班会目标】

（1）通过观看视频、聆听故事等方式引领学生理解榜样的内涵和精神实质。

（2）通过创作榜样谱、开展辩论会、参与情景体验、邀请嘉宾等方式引领学生感悟榜样无穷的力量，不断提升自我。

（3）通过小组讨论、宣誓励志、参与实践等形式激励学生在知行合一中助梦中国，树立学生的社会主义担当。

【班会准备】

"未成曲调先有情。"课前准备也是对学生进行德育的重要途径。为此，我们重点做了以下准备：

参观党史博物馆，搜集榜样事迹，制作榜样谱；指导学生到防疫值班点、交通警亭和清洁区域参与课前真实体验；邀请嘉宾在课堂上现场说法。

引导学生在课前先行经历体验，完成情感带入。

【活动过程】

主题班会是带领学生去充分体验，获得感悟，达到自我教育的旅程，为此，我结合大卫·库伯的"体验学习圈"理论，以"深度体验"为核心理念，设计了以下环节，促进学生知情意行的循环发展（图1-2-2）。

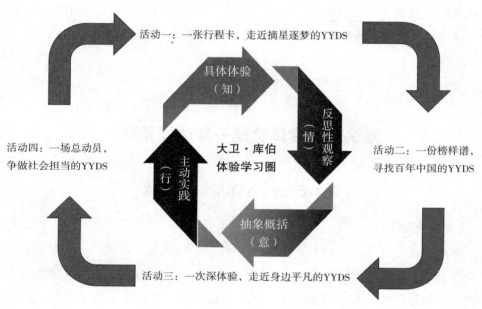

活动一：一张行程卡，走近摘星逐梦的YYDS

具体体验（知）

反思性观察（情）

大卫·库伯体验学习圈

活动四：一场总动员，争做社会担当的YYDS

主动实践（行）

活动二：一份榜样谱，寻找百年中国的YYDS

抽象概括（意）

活动三：一次深体验，走近身边平凡的YYDS

图1-2-2

（1）一张行程卡，走近摘星逐梦的YYDS。

库伯认为具体经验是体验学习的起点。为此，导入环节，我们结合热点以一张特别的行程卡、一段欢迎"英雄回家的视频"成功地渲染了班会的气氛。接着中队长为大家讲述了王亚平及航天英雄背后魔鬼训练的励志故事，引发大家讨论，进行榜样初体验，引领他们真实感悟到这些特别能吃苦、特别能奉献的人，才是我们应该追的星。

（2）一份榜样谱，寻找百年中国的YYDS。

深度体验的第二个阶段，要从多个角度观察、思考，才能引发学生的情感共鸣。为此，第二环节，笔者先引导学生分享展示自己课前制作的榜样谱。接着，一场"谁才是真正的YYDS"辩论擂台赛将班会推向高潮。最后，师生共同向百位英雄致敬，在深度体验中引领孩子感悟"如果信仰有颜色，那一定是中国红！"

（3）一次深体验，走近身边平凡的YYDS。

库伯认为体验的关键在于实现社会知识与个人知识之间的转换。为此，第三环节，我先引导学生就课前深度体验如穿防护服测温消毒、帮助交警叔叔指挥交通、帮助清洁工人打扫街道等，来畅谈自己的感受。在孩子们意犹未尽之际，全国最美孝心少年王森洋现场说法，引发学生思考，树立自己的信仰：平凡的人也可以拥有不平凡的人生，平凡人也可以成为YYDS。

（4）一场总动员，争做有社会担当的YYDS。

深度体验的第四个阶段在于激发学生主动实践的意愿与行动。为此，播放视频《中国青年，好样的》之后，我校党支部书记、团支部书记分别对学生进行了动员讲话，他们带领大家一起聆听习近平总书记的寄语，中队长带领大家宣誓励志，党团队一体化总动员，在孩子们心中播下了"社会担当"的种子。

班会最后，我深情总结：同学们，你们是与新时代同向同行、共同前进的一代，要从小听党话、跟党走、做共产主义接班人，成为具有社会担当的YYDS，为实现中华民族伟大复兴贡献自己的力量！

（5）活动后跟进行为。

库伯认为体验式学习是一个以体验为基础的持续过程，而不是结果。走进社区、走进养老院是班会课深度体验的延续，引领学生在亲身实践基础上体会自身社会价值，培植他们的社会担当，引领他们成为中国信仰终身的学习者和践行者。

活动一：每周一次"我是班级模范"评比

每周评选在课堂坐姿最棒、家务能手最棒、团结互助最棒的同学为"班级模范"，旨在引导学生从小事做起、从自身做起，争做自我的YYDS。

活动二：每月一次"我是中国人"演讲活动

可围绕以下内容开展"我是中国人"演讲活动：爱国英雄故事、爱国行动故事、我为家长代言等；旨在激发学生爱家长、爱祖国的情感，从而加强报国情、强国志。

活动三：常态化"我能行"社会实践活动

引领学生走向社区、走进养老院或孤儿院开展公益活动。旨在引导学生把爱国情感、意志、知识转化为自身的社会实践、日常行为。

（孙贝贝）

【评析】

从孙老师的这一节班会课中，我们看到了"体验学习圈"理论的运用。有效的学习是从体验开始的，"一张特别的行程卡、一段欢迎英雄回家的视频"引领学生初步体验，感受什么人才是我们心中真正的英雄；第二阶段进入反思阶段，孙老师以"榜样谱""辩论赛"为媒介，引领学生在反复体验中自我反思，形成情感共鸣；第三阶段孙老师将思考的触角引向学生自身，通过课前"参观党史博物馆""指导学生到防疫值班点、交通警亭和清洁区域工作""邀请嘉宾"等形式，促进学生实现在社会知识与个人知识之间进行有效的转换，形成正确的概念，使学习进一步深入；第四环节通过"播放视频《中国青年，好样的》"以及开展"党支部书记"等活动，引发学生行动的意愿，并主动践行。

四个环节从"具体体验"入手，通过引发学生自我反思，形成概念，进行实践，形成了一个完整的体验型学习的过程，这个过程体现了三种思考。

（1）深度体验是一个循环往复的学习过程。深度体验型主题班会强调其实施过程不是只有一次活动循环可以完成，而是通过课前、课中、课后三位一体不断地实践体验，来丰富学生的认知与情感，实现学生道德品质的提升。

（2）深度体验要实现多种活动有效的整合。深度体验型主题班会要将各种实践活动、体验活动、学科活动进行有效的整合，从而引领学生不断超越自己。这一过程中的所有活动设计都要依托核心主题进行有效的呈现与叠加。

（3）深度体验须引发学生德育的自主建构。深度体验的过程是学生进行德育自主建构的重要过程。体验式班会通过让学生在班会活动中体验，在体验中感悟与反思，在表达与分享中提升认知，最终达到自我成长、相互成长、共同成长的目的。在这个过程中，学生在教师的指导下，通过自我教育、自我管理和自我评价等方式，主动参与德育过程，形成正确的道德观念和行为习惯。

深度体验型主题班会以学生为主体，以活动为载体，以体验为手段，实现了课堂教学和学生生活的深度融合。同时，深度体验型主题班会正因为有了真实生活情境或者模拟真实情境的植入，通过学生喜闻乐见的游戏和活动形式参与，站在学生发展需求的层面进行设计，是一种更为适需的育人模式。

第三节　深度体验型主题班会
对传统班会的超越

深度体验型班会应该注重参与者的感受和需求。在设计和实施活动时，应该考虑到参与者的年龄、性别、兴趣和需求等方面的差异，以确保活动能够真正引起参与者的兴趣和共鸣，产生实质的效果。但班主任在实际的班会课的实施中，存在一些问题，导致班会低效、无效。基于对这些问题的关注和思考，我们提出的深度体验型主题班会，是针对传统班会中五个问题的探问，力图改变班会的形态和成效。这些问题主要表现在以下五个方面。

一、单向灌输，主体缺失

深度体验型主题班会强调师生之间的有效互动，情感共鸣，凸显双方地位，实现学生德育水平有效提升。在这个课堂上，学生需要与同伴合作，需要和教师合作，共同体验活动场景，一起探讨问题，提出自己的见解，并通过讨论和争论，不断地深化自己的思考。而在主题班会课堂上还依然存在着教师一节课滔滔不绝讲个不停，想把自己知道的或者想告诉学生的道理以口述的方式传递给学生，让他们明白其中的道理的现象。对于学生而言，他们处于被动的道德灌输的地位，完全符合学生进行"是""不是""好""不好"的回答，整节课所获甚少。

在一节一年级的感恩主题班会课上，教师为了引导学生感悟母亲生育自己的不易，进行了反复的说教。

孩子们，你知道父母孕育我们多么艰辛吗？大肚子妈妈的胎儿、胎盘、羊水就有十好几斤，比咱们的书包重多了，咱们是体验一两分钟，她却是近十个月呀！随着胎儿的增大还把内脏都挤到其他地方了呢。

十月怀胎，一朝分娩。小宝宝要出生啦！孕妈妈到了最重要的关口，无论是顺生的阵痛，还是剖宫产的痛，都是疼痛级别最高的，剖宫产的孕妈妈的肚子被一层层切开抱出小宝宝再层层缝合，孩子们知道那有多少层？整整七层啊！咱们手指上一个小伤口都疼得你掉眼泪了，更别说是切开七层再缝起来了。有的说顺生可能没那么疼吧，其实顺生的阵痛也不一般，就像12根肋骨同时断掉的那种疼。

一段话下来，教师痛哭流泪，而一年级的学生却无动于衷。为什么呢？这是一位女教师，在养育自己孩子的时候，她肯定经历了这么多痛苦的体验。当她说起这些的时候，必定对自己的亲身经历历历在目。但是对于一年级的学生来讲，他们无法体会到"十好几斤""十月怀胎，一朝分娩""切开七层""12根肋骨断掉"等这些到底意味着什么。

在这节主题班会课中，教师在引导学生明白疼痛的感觉，从而引发感恩母亲时，采用的都是直接讲授的方法，运用了大量的语言告诉学生"是什么""为什么"，看似非常清晰，但是学生却收获寥寥。

在传统的班会课上，教师习惯于把自己对于道德的理解灌输给学生。教师讲得起劲，学生听得无味。许多教师反映，一节班会课下来，自己实在太累！殊不知，师生共鸣缺失，教育毫无效果。这节课中，教师把过多的精力放在了自己的总结说教上，学生主动参与课堂的时间被大大压缩，道德的自主建构便成了一句空谈。如果能够在其中加入"疼痛分娩仪"之后，再进行语言的说教，效果就不一样了。

深度体验型主题班会强调摈弃"道德灌输"，引导学生学有兴趣，形成师生情感共鸣，让孩子们在自我参与的活动中去体验、实践、反思、生成，最终实现从他律到自律的实质性转变。

二、体验不足，深度不够

深度体验型主题班会是一种以体验为基础学习方式的班会形式，通过让学生亲身参与各种活动，引领他们在实践中学习知识、感受生活。然而，在实际的操作中，也存在一些问题。

体验型主题班会课往往需要大量的时间和经费。为了让学生能够充分体验到各种活动，教师需要花费大量的时间准备活动内容，而这更需要教师有丰富的教学经验和良好的组织能力。教师不同，体验的效果就会大打折扣。

虽然体验可以帮助学生更好地理解主题，但是由于体验项目设计的逻辑性、层次性不强，设计的内容和要突出的主体关联性不够等，往往导致深度不够、体验不足，成了名副其实的"活动课""游戏课"，不能满足学生成长的需求。

在"感恩母亲"主题教育中，为了感受母亲怀孕的艰辛，大多数教师会选择这样的一种游戏方式——通过身前背书包行动的方式来参与体验。

同学们，下边我们把书包统一放置在我们的胸前，想象一下这就是你的孩子。（几个男生笑了起来）下边根据老师的要求，在班级里走上几圈。

（学生按要求把书包置于胸前，在教室内来回走，笑声不断。）

老师生气地质问：你们没有感受到母亲怀孕的艰辛吗？你现在胸前背的书包就是你自己的小宝宝啊！（学生哄堂大笑）

老师气不过，揪过几个笑得最厉害的男生，询问他们为什么笑。结果学生说，这太轻了，太容易了，他们一边回答，还一边笑得直不起腰。

整节课乱成了一锅粥。

通过深度体验式活动，参与者可以更好地将班会主题进行内化，从而形成自己的道德认知。这个片段中，班主任通过设置一个非常经典的"书包前挂"来体验母亲怀孕艰辛的游戏应该是非常好的，但是为什么会出现全班哗然，所有人游离于学习之外的情况呢？关键在于教师经验不足，对于游戏的层次性、游戏的深度设计不够，使得整个体验活动完完全全成了一次"开心的游戏"，体验不足，体验不深，反而适得其反。

案例1：活动体验，需深入一些

艰苦奋斗，不向逆境低头

【活动目标】

（1）引导学生明白，领悟延安精神"自力更生，艰苦奋斗"的深刻内涵。

（2）通过自主体验，感悟继承民族优良传统，弘扬延安精神。

（3）经过课堂实践，不断规范自我行为，产生"艰苦奋斗，不向逆境低头"的决心。

【活动过程】

活动一：观视频，延安精神进我心

1. 背景介绍，激情导入

同学们，1935年10月，中国共产党领导下的中央红军，爬雪山，过草地，历经二万五千里长征，终于到达陕北延安，30万红军只有3万人幸存。面对种种逆境，面对种种困难，中国共产党在延安这块热土上孕育出了伟大的延安精神。让我们一起走进那段震撼人心的历史。

2. 观看视频，畅谈体会

播放《大生产运动》视频，讨论：你从中看到了什么，又感受到了什么？

3. 总结收获，初悟精神

面对着一穷二白的生活，1942年12月，毛主席在陕甘宁边区高级干部会议上，第一次提出了延安精神。它就是"自力更生，艰苦奋斗"（板书）。

活动二：讲故事，延安精神在传承

1. 质疑提问，引发深思考

那么什么是"自力更生，艰苦奋斗"呢？我们的革命先烈又是怎样做的呢？就让我们由一个个故事来了解这句话的真正内涵吧！

2. 出示图片，互讲小故事

（1）课前，老师和几个同学共同搜集了几张当时特别有意义的图片，制作了幻灯片。下面，让我们有请这些同学给大家讲一讲这些图片背后的故事。

（2）同学们，听了这样几个故事，你们都有什么样的感受？相互谈一谈。

3. 阅读材料，寻找延安魂

（1）有人说，延安精神就是一盏明灯，照亮了社会主义前行的道路！一代又一代的革命先辈"自力更生，艰苦奋斗"，为了我们今天的幸福生活，为了中华民族能真正屹立于世界之林，不断努力前行着。

（2）请同学们任选一则材料仔细阅读，并谈一谈，从这些优秀的人物身上，你看到了哪些延安精神的魂？（下发阅读纸）

材料一：（王进喜的故事）略

材料二：（袁隆平的故事）略

（3）联系材料，发表观点。你从哪些地方读到了延安精神的魂？

4. 联系实际，镌刻延安魂

（1）优秀榜样一直在身边。同学们，艰苦奋斗的延安精神其实一直都在，它其实一直在我们身边。在近现代和我们身边，你还知道哪些这样的优秀人物？（邓稼先、雷锋、焦裕禄、南仁东……）

（2）我心中的延安精神。亲爱的同学们，从先辈们和我们身边的故事中，你明白了什么是艰苦奋斗的延安精神了吗？试着用自己的话来说说。

（3）延安精神一直在传承。是的，同学们，延安精神就是自强自立，就是不怕困难，就是在艰苦的环境中全力拼搏，勇敢地克服困难。请看，凭着艰苦奋斗的精神，全国人民在中国共产党的领导下，一次次战胜天灾，取得辉煌（观看视频）。

活动三：细辨析，父辈旗帜我接过

1. 直面生活，我反思

（1）师：未来，我们就要接过父辈的旗帜，传承和发扬延安精神。仔细辨析下边的说法，你认为他们做得对吗？为什么？和同学讨论讨论。

（2）有同学认为，国家富强了，人民生活水平提高了，提倡勤俭节约已经过时了，不再需要艰苦奋斗了。

（3）小明家庭条件非常差，他非常自卑，认为自己永远比不上别人，努力了也没有用。

（4）小组讨论，将小组的思考写在A4纸上。（全班分为8个小组，每两个小组一个题目）

（5）小组展示分享。

（6）师总结：因为有了革命先烈的付出，我们才得以生活在这样美好的新时代。但是条件优越绝不意味着可以铺张浪费，生活艰苦也绝不意味可以向逆境低头。

2. 情景模拟，我行动

（1）下边两个场景，你会怎么做？试着演一演。（生提前准备，上台表演）

（2）考了几次没考好，又挨了老师、父母的批评，心情很郁闷。

（3）吃饭的时候，点了很多饭菜，留下了一桌的剩饭剩菜。

（4）学生场景模拟。

3. 朗诵诗歌，我铭记

（1）师：勤俭是一种美德，奋斗是一种责任，艰苦奋斗精神在何时何地都不能丢掉。

（2）齐声朗诵诗歌。

（3）总结：奋斗是一首诗，奋斗是一首歌。艰苦的环境能磨砺人的意志，优越的环境也不能动摇我们勇往直前的决心。接过父辈的旗帜，不向逆境低头，与时代共舞，共同成就我们亮丽的人生。

活动四：书心语，共同追逐中国梦

（1）作为新时期的少年，在未来的日子中，我们要怎样做呢？请在纸上书写自己的心语心愿。

（2）展示互动评价。

（3）总结：同学们，让我们从现在做起，从小事做起，从生活的点点滴滴做起，继承和发扬"自力更生，艰苦奋斗"的延安精神，不向逆境低头，共同追逐中国梦，让中华民族巍然屹立在世界的东方。

（王　红）

【反例评析】

在这个设计中，可看出作者搜集了大量的资料，费了很大的心血，可以说非常用心。但是整体的效果并不是太好。原因在于，延安精神对于小学生来讲，显得比较陌生。虽然出示了大量的图片、视频、故事等案例，但是这些素材、案例普遍远离学生的生活实际，看似形式多样，却很难触及学生的心灵，学生无法融入时代中，只能凭借自己的想象去体验一个非常宏大的精神内涵，这显然是不够的。我们的活动过程，可以进行这样的改变。

修改后的案例：艰苦奋斗，我们不需要了吗

【活动背景】

2020年4月，习近平总书记在陕西考察时指出："延安精神培育了一代代中国共产党人，是我们党的宝贵精神财富。"延安精神是中国共产党人在未来奋斗中取之不竭、用之不尽的强大精神动力。

作为现代的青少年，他们生长在没有硝烟、没有饥饿的和平年代，生活的甜蜜时刻滋养着他们。近段时间，我班学生攀比成风、浪费盛行。他们没有经历过困苦，不知道革命先烈是如何通过艰苦奋斗来实现中华民族伟大复兴的。时至建党百年之际，引领学生继承和发扬中国共产党人艰苦奋斗、自力更生、全心全意为人民服务的精神就显得格外重要。

【活动目标】

（1）通过做计算、讲故事，引导学生明白，领悟延安精神"自力更生，艰苦奋斗"的深刻内涵，增强学生的爱国主义情感。

（2）通过寻榜样、绘数轴，引导学生感悟继承民族优良传统和中国革命传统的重要性，弘扬延安精神。

（3）通过摹场景、书心语，引发学生不断规范自我行为，产生艰苦奋斗的信念，树立不向逆境低头的决心。

【活动准备】

（1）大生产运动的相关视频、图片。

（2）提前搜集准备延安图片及小故事，每个1分钟左右。

（3）搜集中国百年来科技成就发展的视频及图片。

（4）提前组织学生进行场景训练。

【活动过程】

活动一：小浪费，大奢侈

1. 看视频，谈感受

播放提前录制的学生浪费、消费过度的视频，谈一谈我们在生活中有没有这样的现象？

2. 做计算，悟浪费

同学们，让我们一起做一个计算。如果每人浪费一粒米，那么全国14亿人一天浪费的米够一个小朋友（每天吃215克大米）吃多少年？

3. 小浪费，大奢侈

谈感受：艰苦奋斗真的不需要了吗？

活动二：讲故事，悟精神

1. 引背景，入情境

同学们，谈起艰苦奋斗，老师想起这样一段历史。1935年10月，中国共产党领导下的中央红军，爬雪山，过草地，历经二万五千里长征，终于到达陕北延安，30万红军最后只有3万人幸存。面对种种逆境，面对种种困难，中国共产党在延安这块热土上孕育出了伟大的延安精神。让我们一起走进那段震撼人心的历史。

2. 看视频，谈体会

播放《大生产运动》视频，讨论：你从中看到了什么，又感受到了什么？

3. 讲故事，传精神

（1）课前，教师和几个同学共同搜集了几幅当时特别有意义的图片（毛主席住的窑洞、"三用"大衣、三五九旅开进南泥湾的图片等），制作了幻灯片。下面，让我们有请这些同学给大家讲一讲这些图片背后的故事。

（2）同学们，听了这样几个故事，你们都有什么样的感受？相互谈一谈。

（3）谈收获，悟精神。

面对着一穷二白的生活，面对着极其艰苦的条件，中国共产党带领工农红军凭着一股不怕困难、战天斗地的劲头，把荒凉贫穷的南泥湾变成了陕北的好江南。大生产运动，使根据地的居民有衣穿、有饭吃。1942年12月，毛主席在陕甘宁边区高级干部会议上，第一次提出了延安精神。它就是"自力更生，艰苦奋斗"。

活动三：寻榜样，传精神

有人说，延安精神就是一盏明灯，照亮了社会主义前行的道路！一代又一代的革命先辈"自力更生，艰苦奋斗"，为了我们今天的幸福生活，为了中华民族能真正屹立于世界之林，不断努力前行着。

（1）资料展示。同学们，艰苦奋斗的延安精神其实一直都在，它其实一直在我们身边。在近现代和我们身边，你还知道哪些这样的优秀人物？课前同学们以小组为单位展开了相关资料的搜集，下边我想邀请各小组进行展示。

（2）回顾精神。亲爱的同学们，从先辈们和我们身边的故事中，你明白什么是艰苦奋斗的延安精神了吗？试着用自己的话来说说。（是的，同学们，延安精神就是自强自立，就是不怕困难，就是在艰苦的环境下全力拼搏，勇敢地克服困难）

（3）绘制数轴。在中国共产党百年的奋斗史上，凭着艰苦奋斗的精神，全国人民一次次战胜天灾，取得辉煌。请大家根据自己搜集的资料绘制百年奋斗图谱。

1998年，军民抗洪抢险；2003年，党领导人民战胜"非典"；2005年，我国自主研制的神舟六号载人飞船顺利返航；2008年，北京奥运会顺利举办；2016年，500米口径球面射电望远镜落成启用；2017年，港珠澳大桥顺利通车；2020年，携带着2千克珍贵月球土壤的嫦娥五号顺利返航。

师："自力更生，艰苦奋斗"的延安精神不仅根植在了岁月的迁移中，更深深地镌刻进了每一个中国人的心中，成为我们的一种信仰，推动着中华民族站在了新的历史起点上。

活动四：摹场景，我筑梦

1. 情景模拟，我行动

（1）2020年新冠疫情发生后，全国人民齐心协力，共同奋斗，才在艰苦的环境中谱写了壮丽的篇章，取得了让世界瞩目的成就。而我们，要继续接过父辈的旗帜，继续努力，不断奋进。下边两个场景，你会怎么做？试着演一演。

① 考了几次没考好，又挨了老师、父母的批评，心情很郁闷。

② 吃饭的时候，点了很多饭菜，留下了一桌的剩饭剩菜。

（2）学生场景模拟，其他同学谈感受。

2. 朗诵诗歌，我铭记

（1）师：勤俭是一种美德，奋斗是一种责任，艰苦奋斗精神在何时何地都不能丢掉。

（2）齐声朗诵诗歌。

（3）总结：奋斗是一首诗，奋斗是一首歌。艰苦的环境能磨砺人的意志，优越的环境也不能动摇我们勇往直前的决心。接过父辈的旗帜，不向逆境低头，与时代共舞，共同成就我们亮丽的人生。

3. 书写心语，我逐梦

（1）作为新时期的少年，在未来的日子中，我们要怎样做呢？请在纸上书写自己的心语心愿。

（2）展示互动评价。

（3）总结：同学们，让我们从现在做起，从小事做起，从生活的点点滴滴做起，继承和发扬"自力更生，艰苦奋斗"的延安精神，艰苦奋斗，不向逆境低头，共同追逐中国梦，让中华民族巍然屹立在世界的东方。

【活动后跟进行为】

开展"我与延安精神同行"项目学习，通过学科整合，通过校内外教育资源整合，通过各种活动与实践的整合，积极开展以下内容的学习与研究，提升育人质量。

（1）搜集"延安"相关资料，朗诵关于"延安"的诗歌、词曲、美文，创作关于"延安"的诗配画。

（2）用电脑上的绘图工具绘制"延安"具有代表性的人物、事件或物品。

（3）搜集学习关于"延安精神"的相关英语表述，并至少能用三句以上英语表述向大家介绍中国共产党百年史。

（4）用图片+文字记录生活。记录自己和家人每天厉行节约、不懈奋斗的图片，并用文字记述。

（5）撰写一篇关于"我与延安精神同行"的研究报告。

【对比解析】

在这一版的设计中，班主任明显优化了活动体验的类型，由原来的"案例式""故事型"的活动形式化为了丰富多样的情感体验。素材的大量堆砌转化为了"案例""故事""实践""情境""学科"有效融合，学生在这样的课堂中，对主题的感悟会在富有层次的活动设计中提升。从小的计算开始感受浪费，到历史、身边的优秀人物为了事业的成功做出的努力，再到中国共产党百年的奋斗图谱绘制，最后情景模拟追逐中国梦，整个过程以小见大，所有活动形式实现了有效的叠加，共同为主题的实现服务，形成了强有力的深度体验场。

三、目标不明，主题过大

在班会活动中，如果主题不明确，那么整个活动就会变得无的放矢。学生们可能会在教师的引导下完成一项又一项的任务，看似充实而有意义，但实际上却可能只是走过场，没有实质性的收获。切入点过大，可能会导致一节课的内容过于繁杂，学生无法集中精力去理解和掌握。深度体验型主题班会需要避免活动流于形式，注重活动的实质性，让学生真正参与到活动中来，而不是仅仅跟随教师的流程走完一节课。

在选择主题的过程中，很多班主任缺乏"小""近""实"的意识，往往从比较大的主题进入，比如"心理健康教育""团队教育""感恩教育"，切入点过大往往忽略了学生的接受能力，脱离了学生的实际需求，对于学生情感的提升是不利的。如下边一位教师设计了关于"仁爱"的主题班会，目的就显得不是很明确。

"仁爱"主题班会设计

【活动目的】

（1）了解仁爱的由来，感受中华传统文化的魅力，懂得孝敬父母。

（2）亲近了解家长，尊重关心家长，懂得如何向他人传递关爱之心。

（3）通过这次活动，体验谦让有礼的中华文化，养成良好的品质。

"仁爱"作为一个大的主题，在不同的年级、不同的班级会有不同的需求出现，可能是孝顺父母，可能是关心他人，也有可能是热爱祖国，所以在主题的确定上直接呈现"仁爱"，是很不恰当的。此外，这个活动目标中涉及了"孝悌文化""关心他人""尊重家长""谦和好礼"等，看似都和大主题有关，但是这么多的主题在一节课中呈现会显得多么的拥挤不堪啊！一位班主任在感恩主题班会时，设计了三个大的板块：感恩祖国、感恩学校、感恩父母，试想如此大的主题切入，学生怎么可能在一节课中完成深度体验呢？

班会是同学们交流思想、讨论问题、共同进步的重要平台。在班会上，我们应该围绕具体问题展开讨论，切入点不宜过大。如果我们一开始就讨论一些抽象的、宏观的问题，很容易让同学们感到迷茫，不知道从何入手。因此，我们应该先确定一个具体的问题，然后再逐步展开讨论。

在这种情况下，我们可以尝试将主题班会的主题分解成几个更具体的小主题，然后围绕这些小主题展开讨论和活动。这样可以使得班会内容更加具体和有针对性，同时也能吸引学生的兴趣和参与度。

例如，如果主题班会的主题是"环保"，您可以将其分解为以下几个小主题：减少塑料垃圾、节约用水、垃圾分类、绿色出行，等等。

例如，我们在班会上讨论"如何提高班级的学习氛围"，可以从以下几个方面切入：第一，如何营造良好的学习环境；第二，如何激发同学们的学习兴趣；第三，如何建立有效的学习小组。通过这些具体的切入点，我们可以让同学们更加清晰地了解到自己应该做什么，从而更好地参与到班级的建设中来。

总之，将主题班会的主题分解成几个小主题，并围绕这些小主题展开讨论和活动，可以使得班会更加具体、有针对性，同时也能提高学生的兴趣和参与度。

案例2：主题过大，实效必弱化

有家，有班，有国

【班会背景】

"心中有信仰，脚下有力量。"习近平总书记曾勉励青少年：少年儿童是祖国的未来，民族的希望，要系好人生的第一粒扣子。

然而对于现在的学生来说，生活在蜜罐里，他们过着衣来伸手、饭来张口的生活，以自我为中心，享受幸福心安理得。我们班一部分学生平时只是一味想着"我要什么"，从没有想过"我应该做些什么"。

【活动目标】

（1）通过话剧表演，观看视频，认识到母爱的无私与伟大。

（2）举行游戏，邀请神秘嘉宾，让同学们体验深深师生情、浓浓同学谊。

（3）观看纪录片、宣誓，参与实践活动，激励他们在知行合一中树立家国情怀的意识。

【班会准备】

（1）关注时政热点——学生办时政小报。

（2）排练话剧《小男孩和苹果树》。

（3）邀请神秘嘉宾现场说法。

（4）剪辑视频《辉煌中国》片段，引导同学们在课前先行经历体验，完成情感带入。

【活动过程】

活动一：家是温暖的港湾

（1）欣赏话剧《小男孩和苹果树》。

（2）结合生活实际，说说父母关爱自己的事。

（3）以《时间都去哪了》为背景音乐，播放家长提前录制的对孩子的心里话。

（4）师总结。

活动二：班是幸福的乐园

（1）全班同学齐呼班名、班呼。

（2）班级体验小游戏——你说我猜。

（3）邀请神秘嘉宾——走进课堂，为孩子们带来毕业寄语。

（4）总结。

活动三：国是坚实的后盾

（1）播放视频《辉煌中国》片段。

（2）交流课前自办的时政小报，谈谈有什么感受。

（3）播放习近平总书记寄语，引发学生畅想：2035年的你，我们如何把个人理想融入中华民族伟大复兴的中国梦。

（4）分小组讨论后，大家重温铮铮誓言："请党放心，强国有我。"

（5）师总结。

活动四：行在体验中践行

（1）设计"感恩父母"21天习惯养成卡，每天记录一件帮助父母所做的力所能及的小事。

（2）开展"感恩学校，我在行动"征文活动。

（3）开展"祖国在我心中"演讲比赛。

（4）倡导日行一善。鼓励每位学生每天做一件好事，事不论大小，只要是对他人、对集体有利即可。

深情总结：家是最小国，国是千万家，让我们从身边每件事做起，爱国爱家，感恩有你，弘扬家国情怀，书写精彩人生！

（唐琰）

【反例评析】

主题班会是对学生进行自我教育的有效方式，应该做到：重体验，不重认知；重引导，不重教导。本节班会课，班主任结合学生年龄特点，突出生活化特色，引导学生在实践中获得了体验，在体验中升华了情感，在对话中完善了自我，引领他们产生强烈的家国情怀。

本节课以多样化的活动形式，引领学生不断地进行情感体验。但是，我们也遗憾地看到，在这一节课中教师却设计了三个主题："家是温暖的港湾""班是幸福的乐园""国是坚实的后盾"。仅仅靠一节课完成这么多主题的学习，几乎是不可能的，学生的体验只能停留在浅层次上，整个主题班会的实效性会被大大削弱。如果对班会主题进行以下调整，整节课的重难点就会更加容易突破，能够更好地引发学生的深度体验。

修改后的案例：家是最小国，国是千万家

【活动目标】

（1）通过话剧表演，观看视频，认识到母爱的无私与伟大。

（2）观看纪录片，参与实践活动，激励他们在知行合一中树立家国情怀的意识。

（3）情景表演、宣誓，引发学生树立为国奋斗的志向。

【活动过程】

活动一：家，是温暖的港湾

（1）欣赏话剧《小男孩和苹果树》。

（2）联系实际。我们每一个人都有一个幸福的家。请大家结合生活实际，说说父母关爱自己的事。

（3）播放心语。以《时间都去哪了》为背景音乐，播放家长提前录制的对孩子的心里话。

（4）师总结。家庭是我们每个人幸福成长的港湾，有家就有一切。

活动二：国，是坚实的后盾

（1）播放视频：为什么我们能够如此幸福地在自己的家中快乐地学习生活，请大家欣赏《辉煌中国》片段。

（2）交流小报。请大家根据小组展示课前自办的时政小报，谈谈有什么感受。

（3）邀请嘉宾。邀请老红军到班级为大家讲授祖国的发展变化。

（4）播放视频。展示现在千家万户的幸福笑脸，万家灯火，岁月静好！（适时总结）正是有了千千万万的英雄负重前行，才有了我们的岁月静好！正

是有了我们强大的祖国，才有了我们幸福的家。

活动三：我，是中华之少年

1. 小剧场表演

"如此爱国"，表演内容为：部分学生口头爱国时激情满满，但碰到身边需要做的小事，如打扫卫生、光盘行动等，却假意忙于爱国，不愿承担责任。

2. 分组讨论

（1）学生说一说小品给大家的启发，作为小学生要如何做才是真正爱国的行为。

（2）教师总结归纳小学生如何爱国。

3. 播放寄语

播放习近平总书记寄语引发学生畅想：2035年的你，我们如何把个人理想融入中华民族伟大复兴的中国梦。

4. 分小组讨论后

大家重温铮铮誓言："请党放心，强国有我。"

5. 师总结

"家是最小国，国是千万家"，让我们从身边每件事做起，爱国爱家，感恩有你，弘扬家国情怀，书写精彩人生！

活动四：我，在体验中践行

（1）设计"感恩父母"21天习惯养成卡，每天记录一件帮助父母所做的力所能及的小事。

（2）开展"祖国在我心中"演讲比赛。

（3）倡导日行一善。鼓励每位学生每天做一件好事，事不论大小，只要是对他人、对集体有利即可。

【对比解析】

这一版的设计明显将主题减小了。围绕"小家""大家"，从小的地方切入，通过"视频""小报展示""邀请嘉宾""情景表演"等形式，引领学生在不断地实践体验中感受家的温暖与幸福，感受许多优秀人物为了祖国这一个"大家"所作出的牺牲与奉献。以小见大，给予学生对话的空间，注重学生真实的体验，引领他们在多次、反复的学习、反思、实践中感悟、内化，升华对道德的认识，引发他们懂得感恩，培育家国情怀，这便是深度体验型主题班会的意义所在。

四、形式单一，缺乏整合

很多时候，一些主题班会只是采用讲座、讨论等形式，没有充分利用更多的有效的体验形式来引导，这样的主题班会课只会让学生感到枯燥乏味。可能表现为以下几个方面：

（1）主题重复。每次主题班会都是围绕同一个或类似的主题展开，缺乏多样性和新颖性。学生可能对反复的内容失去兴趣。

（2）内容简单化。班会内容过于简单，缺乏深度和挑战性。学生可能觉得无法获得实质性的知识和启发。

（3）缺乏互动性。班会形式单一，缺乏互动和参与的机会。学生被动接收信息，缺乏积极参与的机会，无法充分发表自己的想法和观点。

（4）资源浪费。没有充分利用其他资源和机会，例如邀请专家、学生家长或社区代表来分享经验或提供支持，这样浪费了宝贵的资源，缺少了深度整合的机会。

（5）缺乏个性化。班会未能考虑到学生的个体差异和需求，无法满足不同学生的兴趣和发展方向。

形式的过度重复、单一，可能会导致学生对主题班会失去兴趣。深度体验型主题班会以多样化的活动，鼓励学生主动参与，通过整合资源、创新形式等方式，可以有效提升主题班会的质量和吸引力。

案例3：形式单一，参与度不高

我能承担责任

【班会目标】

通过各种活动引导学生学会承担责任。

【班会准备】

多媒体课件、"心语卡"。

【班会流程】

活动一："答非所问"

1. 做游戏

甲摆一个动作，然后问乙："我在干什么？"乙不能回答正确，而应该答非所问，回答另一个动作，然后做相应的动作，再继续问下一位："我在干什么？"做错的要让他表演一个动物的动作。

2. 游戏开始

活动二：请你帮帮我

1. 教师引导

我们班的"心语信箱"经常会收到同学的来信，倾诉自己在成长道路上的小烦恼。今天，我们围绕"我做错了事，还没有人知道，该怎么办"这个话题来谈一谈。

（出示学生兰兰的来信）我和小红是好朋友，上星期，我借了小红一支钢笔，可是不小心摔到地上，把笔尖摔坏了，这可是小红新买的钢笔啊！我不声不响地把钢笔还给了小红，结果，到现在我还不敢主动和小红说话。我的内心忐忑不安，您能帮帮我吗？

2. 学生分小组讨论

兰兰为什么不敢主动和小红说话？她在害怕什么？如果兰兰把事情的真相告诉小红，小红可能有什么反应？兰兰又该怎么应对呢？

3. 教师评析

通常人们在做错事之后会承受很多压力，这正是一些同学在做错事情后不敢积极承担责任的原因。面对自己犯下的错误，我们该怎么办呢？

活动三：自己做选择

前几天，老师收到这样一封来信，请大家听一听。

老师：

我在练习颠球的时候，把走廊的消防玻璃门打碎了。我想把这件事告诉爸爸妈妈，可是他们最近因为奶奶生病而心情不好，如果再把这件事告诉他们，肯定会让他很生气。老师，我到底该怎么办呢？

忐忑不安的小明

（1）学生分组讨论。

你认为，小明应该向父母说明真相吗？如果不说，该怎么处理？如果小明选择告诉爸爸妈妈，你认为用什么方式表达比较合适？说说你的办法。

（2）教师评析。

听了同学和家长的意见，我想小明的内心也会受到启发，一定会做出自己的选择。

活动四：知错认错勇担当

（1）填写"心语卡"。两种选择会有怎样的心情呢？请用一两个词概括一下。

（2）教师总结。做了错事后，积极承担会让自己轻松、踏实，遮遮掩掩会让自己担心、害怕，今天非常高兴能看到同学们最后都能选择面对错误，积极承担责任！

【活动后跟进行为】

此次班会后，班级同学有了反思、承认错误、勇于承担责任的意识，大家对自己做错事的行为有了比较客观的认识，也学会了运用恰当的方式来处理，积极承担起自己犯错的后果。

（张姣）

【反例评析】

本节班会教师想通过四个活动引领学生明白：要学会积极面对自己所犯的错误，勇于承担责任。在活动中，教师希望通过"游戏互动""故事案例""电话连线"等方式引领学生多参与、多体会，寻找合适的方法面对错误。但是活动二和活动三都是学生来信，虽然加入了游戏的活动形式，但是游戏和主题不太契合。整体活动设置显得比较单一，班会的活动效果就不能很好地呈现。对于本节课而言，班会活动可以设计得更丰富，形式设计得更为多样一些，更有利于教学目标的达成。

修改后的案例：我能承担责任

【班会背景】

著名教育家马卡连柯明确指出："培养学生一种认真的责任心，是解决许多问题的教育手段。"新时期的小学生应对自己负责、对他人负责、对集体负责、对社会负责，把负起责任当作自己的一种义务。而六四班的部分学生，享受着优越的生活条件、物质成果，以及家长的过分溺爱，使得他们以自我为中心，忽视了自身的责任意识。提升学生的责任意识刻不容缓，因此决定召开"我能承担责任"主题班会。

【班会目标】

（1）通过小测试，引导学生明白责任。

（2）通过故事会，让学生理解责任的意义。

（3）通过小游戏、情景剧，引导学生明白自己责任之重大，并产生为之努力的意愿。

【班会准备】

制作"心语信箱"，提前收集学生对于责任的理解，制作测试卡，制作条幅。

【班会流程】

活动一：小测试——知责任

1. 一封来信

今天班级的"心语信箱"收到了这样一封来信（出示学生兰兰的来信）：我和小红是好朋友，上星期，我从小红那里借来一支钢笔，可是不小心摔到地上，把笔尖摔坏了，这可是小红新买的钢笔啊！我不声不响地把钢笔还给了小红，结果，到现在我还不敢主动和小红说话。我的内心忐忑不安，您能帮帮我吗？

2. 分组讨论

兰兰为什么不敢主动和小红说话？她在害怕什么？如果兰兰把事情的真相告诉小红，小红可能有什么反应？兰兰又该怎么应对呢？

3. 教师评析

通常人们在做错事之后会承受很多压力，这正是一些同学在做错事情后不敢积极承担责任的原因。我们自己是一个责任心很强的人吗？我们来做一个小测试。

4. 一个测试

责任感是一种意志品质，它与人们长期以来形成的生活态度和生活习惯密切相关。本测试共10题，请仔细阅读每一题，根据你的实际情况，判断每个描述与你的契合程度。用"从不""很少""有时""经常"或"总是"来说明。

（1）与人约会，能提前或准时赴约。

（2）有非常爱整洁的习惯。

（3）借了别人的东西能保证完好无损放回原处。

（4）连一件小东西都非常珍惜，不轻易丢弃。

（5）发现朋友的不良行为时，会劝其痛改前非。

（6）出门不会丢失钥匙、手表或钢笔之类的随身物品。

（7）睡觉之前，要将所有门窗和开关检查一遍。

（8）不会忘记了班级要完成的任务。

（9）出门在外找不到垃圾桶时，会把垃圾随手扔掉。

（10）不会为了游玩而拖交作业。

评分方法：选择"从不"得1分，"很少"得2分，"有时"得3分，"经常"得4分，"总是"得5分。

40~50分为非常有责任心的人；20~30分，大多数情况下你都很有责任感，只是偶尔有些不坚持原则；20分以下，你是个不太负责任的人。

5. 反思回顾

在我们生活中，还有哪些不太负责的事情发生？

活动二：小故事——明责任

1. 寻找责任

那么什么是责任呢？我们课前组织大家开展了一场"寻找责任"的探究实践活动，下面我邀请四个小组的同学上台进行展示。（最美司机、最美战疫人、革命英雄、历史伟人……）

2. 小组探讨

通过四个小组的分享，到底什么才是责任呢？请大家谈一谈。（责任感就是指个人对自己，对家庭和集体，对国家和社会所负责任的认识、情感和信念，以及与之相适应的规范遵守、履行义务的态度。）

3. 教师总结

是责任让他们熠熠闪光，是责任让这些人流芳百世。古今中外，无数的先哲和贤者都用他们的生命诠释着责任的意义，用自己的言行丰富着责任的内涵。他们也给我们留下了许许多多名言警句。

4. 齐读名言

高尚、伟大的代价就是责任。——丘吉尔

人生须知负职责的苦处，才能明白尽职责的乐趣。——梁启超

责任就是对自己要求去做的事情有一种爱。——歌德

活动三：小游戏——用责任

1. 做游戏

珠行万里：整个团队每个队员手拿一根半圆形的球槽，将球连续传动（滚动）到下一个队员的球槽中，并迅速地排到队伍的末端，继续传送前方队员传来的球，直到球安全地到达指定的目的地为止。

2. 谈感受

你从这个游戏中体会到了什么？（感受团队间的有效配合、衔接，以及自我控制能力，为共同的目的，以及团队的责任感，设计好每个环节。）

3. 情景剧

（1）班级整体成绩落后，大家一直埋怨小明考得不好，拖了后腿。

（2）班会课上，小明认为建设美丽中国、文明中国是大人的事情，和我们没有关系。

4. 总结

在班级中，每位同学都有自己的职责岗位；在家庭中，我们都是重要的一分子，也有自己的责任；在社会中，我们作为祖国的花朵，更应该担起责任。

活动四：心语卡——担责任

（1）填写"心语卡"。我们今后会从哪些方面做到责任担当呢？请大家在心语卡上写出自己的想法，大声读出来，然后放入"心语信箱"。

（2）条幅上签字。在"勇担责任 强国有我"条幅上签字。

（3）教师总结。一个人有了责任心，就拥有了至高无上的灵魂；一个人有了责任心，在别人心中就如同一座有高度的山，不可逾越，不可移动；一个人有了责任心世界才更精彩、更迷人，才会成就我们的梦想！

【对比解析】

深度体验型主题班会有一个核心的理念是"搞活动"，通过丰富多彩的、

凸显主题的多元活动引发学生情感共鸣。第二版设计中，班主任围绕"什么是责任""责任的意义是什么""怎样履行责任"等，设计了"小调查""故事会""小游戏""情境剧""心语卡"等活动，引发学生在多重的、反复的情感体验中得到道德提升，明确心中责任。在这里班主任除了关注到活动的多样性外，更加关注了活动之间的逻辑关系，层层递进，互为补充，实现了活动与主题的有效融合。

五、远离学生，真实缺失

深度体验型主题班会强调要在真实的情境中引领学生参与各种活动，从而收到更为深入的效果。如果主题班会不能满足学生的需求，远离学生的实际，缺少真实素材的支撑或者真实情境的创设，可能会导致学生失去兴趣，无法取得预期的效果。主题班会远离学生，真实缺失是一个不可回避的话题。在传统的班会课中，很多教师往往过于注重结果的呈现，而忽略了真实的情感体验和社会实践，以下是一些表现。

（1）缺乏针对性。主题班会没有针对学生年龄特点的具体需求和兴趣进行设计实施，因此无法激发学生的兴趣，无法提高学生的参与度。

（2）缺乏真实素材的支撑，很多时候，班主任进行主题班会设计的素材全部是从网络上下载或者转移过来的，无法与学生共情。

（3）缺少真实情境的创设。班主任创设的情境远离学生的生活实际，或者无法满足主题的需求。

（4）缺少真实性。演课、假课，提前灌输、课堂展示的形式依然存在。一位班主任在进行主题班会时，采取了这样的形式。

师：同学们，老师给大家带来了一些图片，一起来看看（动物的爱、网络上流传的表现父母的爱的图片）。

师：同学们，你们明白了什么？

生：父母很爱我们。

师：那你们想对他们说些什么？

生：爸爸、妈妈我爱你们！

这个案例，看似学生到最后都答出了教师所需要的标准化答案。但是一个个和学生毫无关联的图片展示、视频展示，最后引出的一个"爱"字到底会有多深刻，确实值得我们深入思考。在另一节课的结尾，一位教师设计了这样的环节。

送给评委老师的花

师：同学们，这节课，我们深刻感受到了父母的爱。我们不仅要学会感恩父母，更要学会感恩身边的每一个人。今天所有到场的老师们都很辛苦，让我们向他们鞠躬，并大声地说：老师，你们辛苦了！

生：（鞠躬）老师，你们辛苦了！

师：听说咱们每一位同学都准备了礼物，下边让我们把礼物送给后边听课的评委吧！

（学生像变魔术一样把准备好的花拿了出来，送给了老师。）

师：同学们，快和身边的老师拥抱一下，表达你的感恩吧！

……

赛课现场，一个小胖子和评委抱在了一起，满脸的不情愿！我们在反省，学生真的就非常感恩我们的老师吗？感恩老师一定要这么做吗？很多看似流畅的真情表达却不是源于学生内心真实的需求，这不正是教育的悲哀吗？

案例4：远离生活，真实会缺失

"众志成城，团结向前"主题班会

【班会目标】

（1）让学生理解"众志成城，团结向前"的含义，明白集体的力量和团结的重要性。

（2）通过活动，培养学生的团队协作能力和集体荣誉感。

（3）提高学生的口头表达能力和组织能力。

【班会准备】

抽奖盒子和学生名单；学生搜集的团结的精彩节目；学生搜集的团结的名言；歌曲《爱我中华》。

【班会流程】

活动一：了解团结

班主任：同学们，你们听过哪些关于团结的名人名言？请拿出你们的纸和笔，写下你的答案。（1分钟）

班主任：下面老师将在抽奖的盒子中抽取发言名单。请抽到名字的同学大声念出你的答案。（大家分享的这些句子真是丰富多彩呀，看来大家已经对团结这一概念有了一定的了解。）

活动二：走近团结

班主任：你们真是有心人，无形中掌握了这么多关于团结的好词好句。那么关于团结，你们还有什么惊喜送给老师吗？请小组内讨论一下（5分钟），稍后登台展示。

组1：讲故事《三只小猪》。

组2：讲故事《三个和尚》。

组3：讲故事《地狱与天堂》。

组4：讲故事《蚂蚁搬大象》。

组5：生独唱歌曲《众人划桨开大船》。

组6：生独唱歌曲《相亲相爱一家人》。

师：同学们的表演十分精彩。原来小动物们也如此团结。团结起来完成了自己一人完不成的任务。下面请小朋友们进行打分，选出你最喜欢的节目。得分最高者为"团结大使"。

活动三：历史中的团结

播放歌曲《爱我中华》。

师：在历史的发展中，有很多关于民族团结的故事，例如四大美女之一的王昭君出塞的故事。请听老师讲给大家。

师：其实历史上还有文成公主远嫁松赞干布的故事，课后感兴趣的小朋友可以查阅一下资料。

活动四：班会总结

生1：这节课，我了解到了团结的重要性，还有许多精彩的小故事。

（班主任播放歌曲《众人划桨开大船》，生齐唱。）

【活动后跟进行为】

经过此次班会，同学们改掉自私的毛病，慢慢融入集体生活中，遇事多为别人考虑，进步很大，同学们的团队意识提升了一个大的档次。

【反例评析】

本节课任课教师尝试以活动为主线，为学生提供更为充分的参与机会。在实践活动的设计中，教师向学生提供了积极参与的宽松环境和充分从事体验活动的机会，创造时间与空间让每个学生有效地参与。但是在整个活动的设计中，从名人名言中引出的讲故事和演唱歌曲的体验活动，再到《爱我中华》歌曲的播放，文成公主故事的呈现，没有一项是和学生的生活紧密连接的。学生一节课都是在一个个远离他们生活的故事、表演的无效叠加中完成了一堂课的整体学习，这样的课对于学生道德成长是没有营养的。

在具体的教学中，教师如果能够结合学生的生活，从生活中寻找真实的案例，则更能加深他们对于团结的理解和运用。例如：拔河比赛、打扫卫生、班级活动、团队游戏，也可以让同学们自己讲一讲身边的关于团结的案例，这样将给他们留下更为深刻的印象。

修改后的案例：众志成城，团结向前

【活动背景】

班级建设是每个班主任都要面对的问题，团队的集体意识和合作精神是班级建设的一大助力，是需要有意经营和打造才能产生的。步入新学期以来我观察到，班上有部分同学纪律松散，缺乏自律性与坚持不懈的冲劲，缺少团结一致的信念。例如：清洁卫生的时候有同学浑水摸鱼，磨洋工，甚至是逃避集体劳动；班级活动互相推诿，出了问题互相埋怨；不注意队列的整齐……

为了让学生理解"众志成城，团结向前"的含义，明白集体的力量和团结的重要性，从而培养学生的团队协作能力和集体荣誉感，促使他们积极地从自身做起，积极投身班级建设，我采用了体验式活动的方式组织了"众志成城，团结向前"的主题班会活动。

【班会目标】

（1）通过情景展示、做游戏等环节，让学生理解"众志成城，团结向前"的含义，明白集体的力量和团结的重要性。

（2）通过活动体验，培养学生的团队协作能力和集体荣誉感。

（3）提高学生的口头表达能力和组织能力，引导学生从自身做起，积极投身班级建设。

【班会准备】

抽奖盒子和学生名单；学生搜集的团结的精彩节目；学生搜集的团结的名言；歌曲《爱我中华》。

【班会流程】

活动一：摹场景，做游戏，体悟团结

1. 情境展示

同学们，我们班级最近发生了一件不太好的事情。请看第一小组带来的表演。（表演拔河比赛输了之后大家互相埋怨的过程）

2. 小组讨论

同学们，你们有什么感想呢？（是啊！输了一次比赛并不可怕，关键是大家输了之后相互埋怨，不团结了。）那在班级的日常中，我们还遇到了哪些不团结的事情呢？请大家相互说一说。

3. 做小游戏

团结对于我们意味着什么呢？下边我们一起做个小游戏——"抢苹果"。（把苹果放在教室前后窗台上。请每组选两个大力士参与比赛，两位手拉手站在教室的中间，不能松开，分别去拿两边的苹果，30秒内先取到苹果的获胜。）

4. 反思总结

同学们，从这个游戏中，你体会到了什么？（合作共赢，团结起来往同一个方向去，就能更快地拿到苹果。）

活动二：看视频，做游戏，体验团结

1. 看视频

观看大家在班级相互团结、相互帮助的视频。

2. 谈感受

团结让我们的班级拧成了一股绳，团结让我们成为一个整体，团结让我们所向披靡。

3. 做游戏

到底该怎样团结呢？下边我们来做一个小游戏——"衔纸杯传水"。

人员选8人一组，男女交替配合。共选16名同学，分两组同时进行比赛。另有2名人员辅助第一名人员倒水至纸杯内，再将水一个个传递至下一个人的纸杯内，最后一人的纸杯内的水倒入一个小缸内，最后在限定的5分钟时间内，看哪一组的缸内水最多，就为获胜组。

4. 找方法

有什么样的方法可以让我们更团结呢？（有领导、有组织、有共同想法、有共同目标……）

5. 解决方法

回顾我们前边的班级问题，大家想一想该用什么样的方法解决。

活动三：故事会，展资料，传承团结

1. 展资料

课前，老师带领大家共同走进了我们的桃庄河，一起参观学习了桃庄河带给我们的惊人奇迹。很多同学也想把他们整理的报告讲给大家听。下边，让我们掌声有请后两组给大家展示一下。

2. 总结反思

桃庄河干群一体、战天斗地改变山区贫穷面貌的事迹，展现了英雄的桃庄河人民艰苦奋斗、团结合作、执着追求、无私奉献的精神。桃庄河精神同红旗渠精神一脉相承，是中华民族伟大精神的生动体现，值得我们学习。

3. 故事会

同学们，在中华五千年的文明史中，有很多这样的故事。正是因为有了团结，我们的民族才真正屹立于世界之林。上课前，我让大家搜集了许多中国历史上关于团结的名人故事，下边让我们掌声有请每小组的代表来给大家讲一讲。

4. 谈感受

听了这些故事，大家有什么想法吗？一起说一说。（团结起来，为中华民族伟大复兴贡献力量）

活动四：读名言，宣誓词，传承团结

（1）班主任：同学们，你们听过哪些关于团结的名人名言？请拿出你们的纸和笔，写下你的答案。（1分钟）

班主任：大家写得好快呀，看来课下你们做了很多资料搜集。下面老师将在抽奖的盒子中抽取发言名单。请抽到名字的同学大声念出你的答案。

班主任：大家分享的这些句子真是丰富多彩呀，看来大家已经对团结的内涵有了比较深入的了解。

（2）宣誓。

（3）播放歌曲《众人划桨开大船》，生齐唱。

【活动后跟进行为】

在课堂上，在活动里，在常规中，聚是一团火，散是满天星。

【对比解析】

相比于第一版的设计，这一版更注重于和学生生活的连接。由"拔河比赛输了之后大家互相埋怨"这一贴近学生生活的小点进入，观看团结互助的视频，做两个和平常生活有关的小游戏，展现桃庄河干群努力建设新生活的壮举，所有的一切素材选择紧紧依靠生活、依托生活，解决生活中真实存在的问题，这样的设计才是有深度的。

第四节　深度体验型主题班会的创新价值

基于以上问题，深度体验型主题班会提出站在适合学生生长需求的层次，站在适合班级成长需求的层次，按照"大概念—深主题—精活动"的逻辑顺序对主题班会进行重新定位与优化。

一、大概念，对碎片化需求问题进行课程化重组

大概念是居于核心地位的概念、原理和方法，是反映本质问题的关键概念。将"大概念"引入深度体验型主题班会的设计与实施，是指将班级和学生面临的亟须解决的、那些离散或琐碎的问题进行"有意义的粘连"，从而帮助学生以"专家式思维"阐释、理解和深入习得关于某种现象、事件、认识的有组织、有结构的"核心概念""认知模型"或"自育图景"。这样，以"大概念"为主题，我们就将组织起以学生需求为中心，以提升学生自育能力为目标，基于生活逻辑、思维认知逻辑的高度融合的学习单元。

它超越了对传统班会的认知，不仅仅是对班级事务的通报和协商，通过一节课解决一个问题，而是聚焦学生成长和班级建设，进行课程化重组，有针对性地对学生成长中的问题进行系统性的建构与解决，并做深入的引领指导。这样，当学生面临实际问题时，他们可以利用大概念来分析和解决问题，更有助于培养学生的认知能力和在真实情境中解决问题的迁移能力。

二、深主题，对模式化教育议题进行现实化建构

深主题，就是深度体验主题班会聚焦必须面对的现实问题，从我们想当然的模式化议题中进行现实化提炼，让主题更集中而且有深度，能够对学生成长产生深远的影响。深主题的"深"主要表现在以下三个方面：

（1）主题选择要实现价值性和需求性的统一。学生可以运用从该主题中学到的方法去解决生活中的实际问题。

（2）主题选择要实现关联性和连贯性的统一。基于大概念的每一个主题的选择之间存在着纵向或者横向的联系，并能引发持久性自我教育。

（3）主题选择要实现与真实情境的深度融合。在构建结构化课时的基础上，以主题为引领，使课程内容情境化，形成结构化的情境序列，直指学生发展的深层，指向学生终身的发展。

三、精活动，对堆砌化体验形式进行实效化甄选

新课标强调要使"课程内容活动化，活动内容课程化"。精活动，具体是指主题班会要以体验活动为主线、核心，活动设计在于"精"。

"精"，首先是"精心选择"，要选择与提升主题有关的体验活动，避免堆砌；其次是"精简叠加"，就是要对体验活动进行实效化甄别，有效叠加；最后是"精彩纷呈"，就是体验活动要进行大胆的创新实践，将课内、课中、课外有效连接，将实践活动、主题活动、项目学习等学习方式进行有效整合。在形式精彩纷呈的基础上，实现学生自我教育的精彩绽放。

大概念确定核心，深主题联结现实，精活动优化体验。比如，传统意义上以自信为主题的班会，往往通过"了解什么是自信—为什么建立自信—怎样建立自信"的过程展开教学。而在大概念的基础上，围绕"自信是个体积极的主观评价，认为自己有能力、有价值"这一大概念，从年级纵向和班级横向两个维度提炼不同层次、不同时段的深主题，并结合学生生活中出现的真实问题进行课程化构建，形成教育序列。比如，六年级，学习压力大、同伴攀比、缺乏实践机会、自我评价过低、缺乏目标等带来的不自信，就可以形成深主题学习序列。同时，结合每一个深主题精选活动，促进每一个学生在不同时段的持续生长、终身发展。这便是深度体验型主题班会创新的价值所在。

深度体验型主题班会的
五大原则

　　情感认知论认为，情感是认知的重要组成部分，情感体验和认知过程是相互交织、相互影响的。体验式学习理论强调学习的本质是经验的积累和自我成长的过程，通过亲身参与和反思，学生可以获得更加深刻和全面的知识。人本主义理论强调人的情感和自我实现的重要性，认为教育应该注重人的全面发展，促进个体的自我实现和成长。认知心理学则强调认知过程的重要性，认为深度体验需要将情感和认知结合起来，才能达到更好的效果。

　　这些理论和学说强调在真实的情境中，通过亲身参与和体验，增强情感体验和认知能力，促进个体和社会的共同成长。这和深度体验型主题班会所提倡的"大概念、深主题、精活动"理念不谋而合。这些理论和学说可以帮助班主任更好地组织活动，让学生在亲身参与中获得更深刻的体验和成长。也为我们进行教育创新提供更多的思路和指导，让我们深入思考深度体验型主题班会设计与实施的五大原则。

第一节　正向价值性原则

主题班会的正向价值原则是指在设计主题班会时，应注重传递积极向上、正面引导的信息，以帮助学生形成正确的价值观和行为准则。

具体来说，这一原则主要包含以下三个方面的内容：

（1）传递正向价值观：主题班会应注重传递社会主义核心价值观，如爱国主义、集体主义、社会公德等，以帮助学生树立正确的价值观和人生观。同时，主题班会还应注重培养学生的道德判断力和价值选择能力，引导他们在面对社会问题时能够做出正确的价值判断。

（2）强调正向行为准则：主题班会应制定正向的行为准则，如诚实守信、尊重他人、勤俭节约等，以引导学生形成良好的行为习惯和道德品质。同时，主题班会还应注重培养学生的自律性和责任感，引导他们自觉遵守社会规范和道德准则。

（3）正面引导与教育：主题班会应采用正面引导教育的方法，注重启发学生的思考和创造力，引导他们积极思考问题、分析问题并解决问题。同时，主题班会还应注重培养学生的团队合作和沟通能力，以帮助他们更好地适应社会生活。

案例：正确的方向，不能偏失

正确的价值导向是正向价值原则的根本，对于学生社会责任感的培养是正向价值引领的重要方向。《中小学德育工作指南》提出了五大德育内容：理想信念教育、社会主义核心价值观教育、中华优秀传统文化教育、生态文明教育、心理健康教育，并针对每一项内容提出了具体的目标和要求，这是进行深度体验性主题班会的依据和价值引领。笔者结合各个年龄段学生的特点，围绕五大德育内容对幼小初高一体化的正向教育导向进行了详细的主题和目标分解。

幼儿园学段"五大德育内容"班会课主题选择如表2-1-1所示。

表2-1-1

德育主题	专题程序	分解主题	目标要求
理想信念教育	领会国家发展使命	爱党爱国教育	知道党的名称、党的生日；对国家和党的历史有基本的认知和亲近感
	树立远大理想	革命英雄人物教育	知道今天的幸福生活是无数革命先烈用鲜血和生命换来的
	坚定社会主义信念	民族自豪感教育	能够为自己是一个中国人而感到骄傲
社会主义核心价值观教育	把握国家层面的价值目标	热爱家乡教育	了解家乡的名胜古迹；懂礼貌，和同学友好相处；孝敬亲人，能为家人做力所能及的事情；知道基本的文明用语
		文明礼仪教育	
	理解社会层面的价值取向	守纪教育	懂得遵守纪律，初步养成良好的行为习惯
		行为习惯教育	
	遵守个人层面价值准则	国家标志教育	认识国旗、国徽、国歌的内容和意义；可以主动为班级做力所能及的事情
		集体责任感教育	
中华优秀传统文化教育	家国情怀	传统节日教育	知道一些重要的中华传统节日及习俗，了解家乡的一些简单的风俗
		家乡习俗教育	
	社会关爱	传统礼仪教育	学习一些基本的传统礼仪，能文明地待人接物
	人格修养	勤俭节约教育	懂得不挑食，不浪费，有节约的意识
生态文明教育	认识生态文明	认识自然教育	走进大自然，认识大自然中的山水鱼虫，初步培养生态文明意识
	形成文明的自然观	尊重自然教育	文明有序地参与自然学习与实践，不随便损坏自然中的一草一木
	形成健康文明的生活方式	爱护公物教育	懂得爱护公物、节约水电
		节约水电教育	

德育主题	专题程序	分解主题	目标要求
心理健康教育	认识自我	正确认识自我	能了解自己的身体构造，看到自己的变化，并为此高兴
	人际交往	与人相处教育	乐于与老师、同学交往，懂得在谦让、互助中感受友情
	适应能力	适应能力教育	能够适应新环境带来的改变，有集体意识和自律意识
		自律意识教育	

小学低年级"五大德育内容"班会课主题选择如表2-1-2所示。

表2-1-2

德育主题	专题程序	分解主题	目标要求
理想信念教育	领会国家发展使命	爱党教育	知道党的名称、党的生日；对国家、党和军队的历史有基本的认知
		国情教育	
		爱军教育	
	树立远大理想	革命英雄教育	认识铭记英雄，了解英雄人物的光荣事迹；知道今天的幸福生活来之不易；了解人民军队的英雄故事
		革命文化教育	
		革命传统教育	
	坚定社会主义信念	中国梦宣传教育	了解什么是中国梦，知道中国梦和每一个中国人的幸福密不可分；学习系列讲话精神，增强民族自信心
		党的二十大学习教育	
		民族自豪感教育	
社会主义核心价值观教育	把握国家层面的价值目标	乡土人文教育	了解家乡的发展变化、风土人情和名胜古迹；了解集体与个人的关系，形成初步的集体主义观念
		集体主义教育	
	理解社会层面的价值取向	遵规守纪教育	了解遵守纪律的重要性；了解自由、平等和公正在同学之间行为的具体表现；有国家、国籍、公民的概念；学习自然与生活中一些基本安全知识与技能
		行为习惯教育	
		国家公民意识教育	
		自我安全教育	

续 表

德育主题	专题程序	分解主题	目标要求
社会主义核心价值观教育	遵守公民个人层面的价值准则	国家标志教育	了解国旗、国徽、国歌的内容和意义；树立集体责任感；了解健康生活的意义，培养良好的生活习惯；培养关心他人、帮助他人的习惯
		集体责任感教育	
		健康生活习惯教育	
		友善关爱教育	
中华优秀传统文化教育	家国情怀	革命精神教育	了解爱国志士的革命故事；了解传统节日和家乡的一些基本习俗，有家国情怀
		传统节日教育	
		家乡习俗教育	
	社会关爱	传统礼仪教育	初步了解传统礼仪，培养热爱家乡的情怀
		爱生活教育	
	人格修养	文明礼仪教育	孝敬父母，尊重师长，友爱同学，礼貌待人；养成勤俭节约、吃苦耐劳的生活习惯和行为规范
		勤俭节约教育	
生态文明教育	认识生态文明	认识自然教育	感受祖国山川之美，了解生物种类的丰富多彩；培养热爱大自然的情怀
		生物多样性教育	
	形成文明的自然观	环境保护教育	了解如何去保护和尊重大自然，养成基本的环保意识和行为规范，能积极参与学校的环保行动
		尊重自然教育	
		文明自然观教育	
	形成健康文明的生活方式	爱护公物教育	有爱护公物的意识；有初步的生态环保意识
		节约水电教育	
		生态意识教育	
心理健康教育	认识自我与尊重生命	认识自我教育	能主动发现和欣赏自己的优点，能看到自己的改变和成长；学会照顾自己，有基本的安全意识；有自我保护意识，知晓一些基本的紧急逃生方法或求助方法
		自我保护教育	
	人际交往与情绪调试	与人相处教育	能与同学友好相处，感受友情的重要；能在成人帮助下控制和调整自己的情绪
		情绪调控教育	
	升学择业与人生规划	榜样教育	可以有目的、有规划地完成自己的学业；能够正确追寻自己的榜样，并以此激励自己不断追求理想
		人生理想教育	

续 表

德育主题	专题程序	分解主题	目标要求
心理健康教育	学会学习与适应社会生活	学习习惯教育	体会知识学习的乐趣，培养自己良好的学习习惯；能适应新环境，有纪律意识、时间意识和规则意识
		自律意识教育	
		适应能力教育	

小学中高年级学段"五大德育内容"班会课主题选择如表2-1-3所示。

表2-1-3

德育主题	专题程序	分解主题	目标要求
理想信念教育	领会国家发展使命	党性教育	了解中国共产党的基本性质和奋斗目标；了解我国的国家政权的基本情况和国家发展的基本目标
		国家政权教育	
	树立远大理想	革命英烈精神教育	对革命烈士、民族英雄、革命先辈怀有敬仰；能够学习他们身上的优秀品质，树立远大理想
		民族英雄事迹教育	
	坚定社会主义信念	中国梦宣传教育	了解国家提出中国梦的原因和自己努力学习与中国梦之间的密切关系，树立民族的责任感
		党的二十大学习教育	
		民族责任感教育	
社会主义核心价值观教育	把握国家层面的价值目标	民族历史文化教育	了解祖国的发展变化和历史文化，感受我们的幸福生活离不开国家的富强、社会的文明；有传承中华文化的意识，能在集体中体验民主的意义
		热爱家乡教育	
		国家繁荣发展教育	
		集体意识教育	
	理解社会层面的价值取向	遵规守法教育	了解遵守法规的重要性，了解制定规则要遵循一定的程序；了解社会主义核心价值观在日常生活中的具体表现；了解人民代表大会制度、主要国家机构、公民的基本权利和义务，有国家安全意识
		国家制度教育	
		公民权利与义务教育	
		安全意识教育	

德育主题	专题程序	分解主题	目标要求
社会主义核心价值观教育	遵守公民个人层面的价值准则	国情国史教育	了解祖国的国情国史，理解个人与国家、民族之间的内在联系；拥有热爱人民、报效祖国的强烈意识；有集体意识，能诚实守信地遵守公民价值准则
		孝亲敬长教育	
		团结意识教育	
		诚实守信教育	
中华优秀传统文化教育	家国情怀	传统节日教育	知道中华民族重要的传统节日的文化内涵，熟悉家乡生活习俗的变迁
		家乡习俗教育	
	社会关爱	感恩教育	学会理解他人，懂得感恩；有人生理想和远大志向
		人生志向教育	
	人格修养	明辨是非教育	逐步提高明辨是非、善恶、美丑的能力；形成良好的行为习惯
		行为习惯教育	
生态文明教育	认识生态文明	认识自然教育	了解祖国的大好河山；认识生物的多样性
		生物多样性教育	
	形成文明的自然观	人与自然关系教育	能够发现家乡生态建设上的一些问题，有强烈的环保意识；体会人与自然和谐相处的重要意义，能够积极主动地参与一些环保实践活动；敢于阻止一些破坏环境的不良行为
		可持续发展观教育	
	形成健康文明的生活方式	爱护环境教育	爱护家庭周边环境，积极践行绿色消费和"光盘行动"
		绿色消费教育	
		勤俭节约教育	
心理健康教育	认识自我与尊重生命	认识自我教育	能够认识自己的优缺点和兴趣爱好，树立强大的自信心，善于悦纳自己；能够主动总结和反思自己的生活与行为；懂得爱护自己的身体；知晓一些基本的自护自救能力
		珍爱生命教育	
		自护自救能力教育	
	人际交往与情绪调试	集体意识教育	有集体意识，能主动参与各种家校社活动；正确认识异性交往，并建立良好的异性同伴关系；能正确面对和处理负面情绪，学会恰当处理，学习自我调节
		异性关系教育	
		自我调节教育	
	升学择业与人生规划	小初衔接教育	提高分析问题和解决问题的能力，为初中阶段的学习生活做好准备
		适应能力教育	

德育主题	专题程序	分解主题	目标要求
心理健康教育	学会学习与适应社会生活	学习能力教育	能够端正动机，不断调整心态，正确对待成绩，体验学习的快乐；有亲社会行为意识，认识自己与社会、国家和世界的关系
		正确对待成绩	
		亲社会行为教育	

初中学段"五大德育内容"班会课主题选择如表2-1-4所示。

表2-1-4

德育主题	专题程序	分解主题	目标要求
理想信念教育	领会国家发展使命	国情教育	了解中国特色社会主义的基本理念、基本特征和基本任务；了解国家在新的历史时期的指导思想和发展战略
		国家指导思想教育	
	树立远大理想	革命精神教育	熟悉烈士事迹，学习老一辈革命家的崇高精神，并树立远大的理想
		革命文化教育	
	坚定社会主义信念	中国梦宣传教育	了解中国梦的具体内容和实现中国梦与作为中国人之间的关联；有走中国特色社会主义道路的坚定信念
		党的二十大学习教育	
		社会主义道路自信教育	
社会主义核心价值观教育	把握国家层面的价值目标	国情教育	通过一系列真实数据和案例，了解我国人民生活水平不断提高、文明不断进步、国家在世界民族之林的地位不断提升的事实；了解我国在农业、工业、商业及服务业、信息技术产业等方面的基本情况；了解中国特色社会主义的基本经济制度和政治制度；引导学生感受社会和谐的重要意义
		国家繁荣发展教育	
		社会和谐教育	
	理解社会层面的价值取向	守法遵规教育	了解与体验自由、平等和公正在社会生活中的具体行为表现；了解民事法律活动的基本原则；树立诚信意识和契约精神；了解政府和社会运行的法治原则，形成依法参与社会公共事务的意识；了解我国的国家基本制度和司法体系；建立对校园欺凌和暴力防范意识的应对能力
		公民权利与义务教育	
		国家制度教育	
		安全意识教育	

续 表

德育主题	专题程序	分解主题	目标要求
社会主义核心价值观教育	遵守公民个人层面价值准则	爱国教育	了解我国各民族的历史文化，理解国家统一、民族团结的重要意义；树立团队意识，维护集体荣誉，保护同学使之不受欺凌；养成自主自立、自强不息的良好心理品质；培育志愿服务精神
		敬畏职业教育	
		团队意识教育	
中华优秀传统文化教育	家国情怀	国家统一教育	知道中华民族发展过程中的重要史实和发展的基本线索，理解国家统一和民族团结的重要性；有作为中华民族一员的归属感和自豪感
		民族团结教育	
		中华民族自豪感教育	
	社会关爱	传统习俗教育	了解中华传统习俗的文化内涵；乐于奉献，积极参与志愿服务，自觉提升文明素养
		志愿服务教育	
	人格修养	道德判断力教育	培养道德判断能力，了解规则背后的道德要求和行为准则
		规则与行为准则教育	
生态文明教育	认识生态文明	生物多样性教育	感知物种的多样性；思考人与自然和谐发展的重要性
		人与自然和谐发展教育	
	形成文明的自然观	环境问题教育	关注家乡所在区域和国家的环境问题；珍视生物多样性，尊重一切生命及其生存环境；积极参加林木绿地抚育管护，有积极参与环境保护行动的强烈愿望
		环保行动教育	
	形成健康文明的生活方式	低碳环保教育	提高价值判断能力，对绿色消费、低碳生活、节约资源等有正确的价值判断
		勤俭节约教育	
		绿色消费教育	
心理健康教育	认识自我与尊重生命	认识自我教育	能够客观评价自己，认识青春期的生理和心理特征；学会珍爱生命，珍视青春；能够学会基本的自护自救方法；学会珍爱他人生命，维护他人权益
		珍爱生命教育	
		青春期教育	
		校园欺凌教育	

续 表

德育主题	专题程序	分解主题	目标要求
心理健康教育	人际交往与情绪调试	沟通方式教育	能积极与师长、父母有效沟通，正确表达自己的意见和想法；能正确把握与异性交往的尺度，建立良好的人际关系；能对自己的情绪进行有效的管理
		异性关系教育	
		情绪管理教育	
	升学择业与人生规划	初高中衔接教育	有职业规划意识，树立早期的职业发展目标
		学业规划教育	
	学会学习与适应社会生活	学习方法教育	有正确的学习观念，有良好的学习方法，能够正确处理学习与娱乐之间的关系，主动适应生活与社会的变化，培养抗挫折能力
		适应社会教育	

高中学段"五大德育内容"班会课主题选择如表2-1-5所示。

表2-1-5

德育主题	专题程序	分解主题	目标要求
理想信念教育	领会国家发展使命	国家制度教育	对中国特色社会主义政治制度加深理解并有强烈的认同感；坚信中国共产党的领导，对党和国家有强烈的情感归属；明确自身的历史责任与使命
		党的信仰教育	
	树立远大理想	理想信念教育	加深对党的情感，树立美好理想，形成正确科学的生活态度；辩证看待个人、集体、国家利益之间的关系
		正确生活学习态度	
	坚定社会主义信念	中国梦宣传教育	了解中国梦的深刻内涵；坚定对党的政治认同、情感认同、价值认同；树立为共产主义远大理想而奋斗的信念和信心
		社会主义道路自信	
		党的二十大学习教育	
社会主义核心价值观教育	把握国家层面的价值目标	国情教育	了解和理解我国当前的基本国情和国策；理解中国特色社会主义民主制度的优越性所在；树立为中华民族伟大复兴不断努力的伟大情怀
		中国特色社会主义制度优越性教育	
		社会责任感教育	

续 表

德育主题	专题程序	分解主题	目标要求
社会主义核心价值观教育	理解社会层面的价值取向	个人与法律	理解个人与社会主义法治之间的重要关系；了解我国社会主义法律体系的构成；树立宪法意识，形成对中国特色社会主义法治道路的认同
		社会主义法治教育	
		宪法意识教育	
		社会主义道路认同	
	遵守公民个人层面价值准则	文化多样性教育	培养国际意识，拥有国际视野，坚守诚信美德，体验志愿服务精神对个人、社会、国家和世界的意义与价值
		国际视野教育	
		诚实守信教育	
		志愿服务教育	
中华优秀传统文化教育	家国情怀	感悟中华文明	深刻感悟中华文明在世界历史中的重要地位；能够全面、客观地认识国家前途命运与个人价值实现的统一关系；能够自觉维护国家的尊严、安全和利益
		树立民族责任感	
		国家命运与个人价值	
	社会关爱	传统美德教育	弘扬传统美德，与时俱进，时刻以中华传统美德律己修身，泽被天下
		自律自强教育	
	人格修养	人生态度教育	能够豁达乐观地面对人生的失败与挫折，增强抵抗困难、挫折的能力
		应对挫折教育	
生态文明教育	认识生态文明	自然知识教育	能够正确认识人与自然环境的关系，追求人与自然的和谐发展，综合思考生态环境问题与时代发展的紧密联系
		人与自然关系教育	
	形成文明的自然观	环境保护教育	理解环境的不同观点，形成环保的共识；积极开展植树护绿志愿服务活动
		绿色服务教育	
	形成健康文明的生活方式	可持续发展观教育	理解人与自然的伦理关系，养成环保的生活习惯
		环保生活习惯教育	

续 表

德育主题	专题程序	分解主题	目标要求
心理健康教育	认识自我与尊重生命	自我意识教育	形成正确的自我意识，树立人生理想和信念，形成正确的世界观、人生观、生命观和价值观；有自己的选择，珍惜自己的生命，能够积极发现和探寻人生的正确意义
		生活态度教育	
		珍爱生命教育	
	人际交往与情绪调试	人际关系教育	正确处理人际关系，知道友谊和爱情的界限；提高自我抗挫能力，形成良好的意志品质；积极应对考试压力，克服考试焦虑。
		异性关系教育	
		应对挫折教育	
	升学择业与人生规划	职业规划教育	能够结合自身兴趣，确定自我的职业志向，能够做好自我的人生规划，建立终身学习的意识。
		人生规划教育	
		终身学习教育	
	学会学习与适应社会生活	学习策略教育	有自我创新意识，掌握有效的学习策略；拥有担当意识和强烈的社会责任感
		社会责任感教育	

主题班会作为重要的、常用的教育方式，要始终将正向教育放在第一位。培养学生正确的人生观、价值观，引领他们爱党、爱国、爱家、爱自己；让学生在活动中发现自己、认识自己、发展自己；引导学生积极面对生活中的困难与挫折，养成开朗乐观、坚强的个性等。正向价值原则是进行深度体验性主题班会的首要原则。

第二节　自我教育性原则

深度体验型主题班会设计活动内容时，必须充分考虑学生自我教育的需求，通过一个又一个活动、一次又一次体验、一项又一项实践，引导学生自主地进行反思、总结、行动。通过真实情境的植入、真实资源的介入，引发学生亲身参与及感悟，让他们有意识或无意识地内化为自身行为，在体验中获得快乐，在快乐中感悟道理，成为真正意义上主题班会的主人。这便是自我教育性原则。

自我教育是班会的主体——学生，在学习过程中主动参与、主动思考、主动实践，通过自我教育，提高自我认知和自我行为的过程。在主题班会中，自我教育性原则主要体现在以下几个方面：一是学生主动选择主题；二是学生自主组织活动；三是学生自主参与讨论；四是学生自主反思学习。

案例：道德成长，一种自觉的行为

体验活动一
配乐冥想朗诵《感恩父母》。

体验活动二
单数列同学请起立，假如你现在是家中的"顶梁柱"，我们用书包来代替父母的养老责任，请你们背上养老责任的书包，保持姿势不动。

体验活动三

假如我们手中的书本代表着养育孩子过程中面临的种种压力，生活中、学习中我们会给父母增加哪些负担？现在请双数列同学依次将代表不同压力的书本放在同桌胳膊上。单数列同学保持姿势不动，书本不能落地。

体验活动四

我们通过"承担体验"，感受到了父母作为成年人的不易，那在今后的生活当中你们会为父母做些什么，可以让父母卸下一些重担？

在"爱，润了年华"主题班会案例中，班主任通过"配乐冥想""背书包体验艰辛""胳膊放书本体验压力""返回现实集体讨论"的方式引导学生自发地产生感恩父母的真实需求。整个活动，学生自己主动参与，主动组织团队，主动思考，主动讨论……道德成长成为一种自觉的行为，班会实效性也就大大加强。

自我教育性原则是深度体验型主题班会成功的关键。只有当学生真正成为教育活动的主体，积极参与、主动思考、主动实践，才能真正实现自我教育。因此，我们在进行主题班会时，应充分体现自我教育性原则，摈弃道德的强制灌输，通过设定合适的主题、提供充分的准备时间、鼓励学生积极参与活动、引导学生进行反思等实践策略，实现主题班会的自我教育目标。

第三节 整合体验性原则

马卡连柯说："哪里教师没有结合成一个统一的整体，哪里不可能有统一的教育过程。"一节深度的主题班会课，班主任必须要有足够的教育智慧和教育视野，他要能够调动一切有用的资源形成合力，懂得向学生借力、向科任教师借力、向家长借力、向社区借力……这便是资源的整合。

整合，是指把"不同类型、不同性质的事物组合在一起，使它们成为一个整体"。主题班会整合体验性原则是指在主题班会的组织和实施过程中，将各种教学资源和教学活动有机地结合起来，形成一个整体，使学生在参与活动的过程中，能够全面、深入地理解和体验主题。

每一次深入体验，可以将学科、实践活动、家校协同、环境等因素融入主题班会，对资源和活动进行有效的整合，使主题班会中各种资源配置合理，协同共生，增加体验的深度；其次，每次活动的设置要遵循"形式组合"的原则，以多层次的活动叠加来促进深度体验。

一位教师在"知党史党恩·做共产主义接班人"主题班会上，设计了这样四个环节，"活动一：辨旗帜·知党史·重温旋律""活动二：讲故事·学先锋·红书推荐""活动三：寻足迹·访先辈·重温讲话""活动四：说计划·送祝福·助梦中国"。四个环节在设计与实施中，"辨旗帜"融合美术学科，"知党史"融合历史学科，"重温旋律"融合音乐学科；"讲故事·学先锋·红书推荐"和语文学科、思品学科整合；"寻足迹·访先辈·重温讲话"融入研学活动、实践活动、项目学习和时事政治；"说计划·送祝福·助梦中国"则融入社区资源。当所有资源整合在一节课上的时候，整节课的体验性就显得更为深入。

加大主题班会的整合体验，有利于提高学生的学习兴趣、理解能力、思维能力和创新能力，从而提高主题班会的教育效果。在深度体验型主题班会中，我们可以尝试展开如下的整合策略。

（1）环境文化的整合。比如，某学校开展仁爱主题班会，教师充分利用学校资源展开教学。通过带领学生参观学校环境文化，来潜移默化地促进学生品德的形成。通过参观南楼操场的"二十四孝图"，展现"仁、义、礼、智、信、温、良、恭、俭、让"的内容，体会孝之可赞；迈上教学楼台阶，看到的是教师的教育箴言，以及上下楼梯的警示语，告诫学生要学榜样、有理想、学做人、守规矩；亲自布置以仁爱课程建设、仁爱德育社团活动等为主题的墙面文化建设，使全体师生抬头受教育、低头思悟行，真正体现出了校园"处处皆教育"的深刻内涵。主题班会和校园文化及环境的建设进行了有效整合，增加了体验的深度。

（2）校园活动的整合。班主任可以通过整合校园活动，以"主题学习"为单位，实施入学课程（自我管理）、成长课程（勇于担当）、结业课程（逐梦远航），将活动课程与主题班会有效融合，实现了学生的自我教育。通过"小作家""小歌手""小科学家""小艺术家""小大人"等主题班会，给学生搭建形式多样的展示平台，鼓励自我展示，注重全面发展，将主题班会开在班外，打破时空限制，使课内经验和课外经验完美融合，校内外教育资源有机统一，达到课内外教育知性与德性的高度统一。

（3）节日活动整合。班主任可以充分挖掘重大纪念日、重大历史事件蕴含的爱国主义教育资源，与语文、道法、音乐、美术等学科教学活动紧密融合，统筹教育时间，发挥教育合力，利用主题班会对学生进行爱国主义教育、革命传统教育，理想信念教育……丰富德育教育内容，为学生健康成长注入"爱之源"。

（4）生活实践整合。班主任可以积极带领学生参与综合实践课程，如：每日习惯爱家园、每月一事爱生活、典礼仪式爱生命、研学活动爱家国……用丰富的学科教学活动，主题学习活动、项目展示活动，以整合的视角引发学生思考，通过与思想品德课程的融合，加深德育的深度。

（5）家校协同整合。某校通过构建家长成长学院课程体系，根据不同层次家长的需求，设置了不同课程，利用每周五晚上和周六上午不同批次、不同形式（线上+线下）免费开展家长课堂讲座或沙龙活动；建立"经济管理进万家"

家校共控体系，利用家长、孩子共同参与的系列主题班会对孩子进行全面立体的培养和评价；打造家长参与式主题班会形态，让更多不同职业、不同专长的家长参与班级活动，为家校体验层次加码。

主题班会是一种有效的自我教育方式，他不是要告诉学生"必须怎样做"，而是给他们创造更多的机会，引领学生自己去体验"我为什么要这样做"。而我们需要的就是加大整合的力度，满足学生自我教育的需要。

第四节　生活关联性原则

杜威认为教育是生活的过程，学校是社会生活的一种形式，具有社会生活的全部含义。他提出了"教育即生活"理念，要求学校与社会生活结合，以及学校与儿童的生活结合。他在《我的教育信条》中强调："学校必须呈现现在的生活——即对儿童来说是真实而生气勃勃的生活。"在《儿童与课程》中，他认为最好的课程设计是使教材心理化，教材心理化就是要把逻辑的经验恢复到原来的经验，变成直接的和个人的体验。

"给生活以教育，用生活来教育，为生活向前向上的需要而教育。"陶行知先生一生致力于生活教育的实践与研究。他认为"生活即教育"，"就是生活中的一切，只要有利于提高知识、技能、生存、幸福的生活，就是教育"。生活与教育是密不可分的，生活应该成为教育的一部分。

深度体验性主题班会中，用生活来教育应该成为主题班会的主要手段，为生活而教育应该成为主题班会的主要意义。班会主题、活动内容、活动形式只有与学生的生活实际相联系，运用贴近学生年龄特征、贴近心理特点的素材，才能引发学生的真体验、深体验和真感悟，这便是生活关联性原则。生活关联性原则要着重关注以下两个方面。

一、真实情境，更能唤起学生的情感共鸣

新课程标准强调：要"合理规划和科学设计实践活动，注重让学生经历活动过程，强化情感价值体验，提出素养导向、切实可行的教学建议"。"加强知识学习与学生经验、现实生活、社会实践之间的联系，注重真实情境的创设，增强学生认识真实世界、解决真实问题的能力。"其中反复提到了"让学生经历生活过程""注重真实情境的创设"。真实情境是指真的参与的或那些

尽可能接近学生实际生活的情境。与真实生活情境相关联，可以帮助学生更好地理解和掌握主题，同时也能引发他们的情感共鸣，同时也会对学习产生更大的兴趣，激发儿童的学习动机。

常见的真实情境包括三种：生活情境、心理情境和任务情境。生活情境指的是用真实的生活素材或接近生活的模拟场景引发学生的情感深体验；心理情境指通过不断地外部环境刺激或者多种综合因素的影响，引发个体产生相应的感知，从而影响学生的行为的情境；任务情境指通过一系列的任务驱动，引发学生在任务完成中获得深度体验的情境。

案例1：场景越真实，体验越深入

你陪我长大　我伴你变老

【活动背景】

感恩孝敬父母是中华民族的传统美德，是每个人应该遵循的道德准则。初二孩子开始更加关注自己的内心世界，当他们感到自己的需求无法得到父母的满足或受到限制时，就可能会产生逆反心理。最近，总有家长向我反映，孩子和自己顶嘴的现象时有发生，结合家长的需求我设计开展了"你陪我成长　我伴你变老"主题班会。

【教学目标】

（1）通过"你陪我成长　我伴你到老"的主题班会，教育学生感恩父母、感恩学校、感恩社会。

（2）通过此次活动，意在触动学生对自己平时的学习习惯的思考，引导学生形成积极向上的人生态度。

【教学重点】

教育学生感恩父母、感恩学校、感恩社会，形成积极向上的人生态度。

【教学难点】

消除部分学生的冷漠，引导同学们学会感恩。

【活动准备】

1. 通过与家长沟通

（1）准备家长和学生的照片——温馨场景（4人）。

（2）录制时光机（6人）。

（3）四位家长到现场。

2. 物品准备

（1）温馨照片（4张，并提前插入PPT）。

（2）耳塞（24只）。

（3）老花镜（4副）。

（4）自粘扣的木棍，拐杖（两副）。

（5）盘子（两个），花生（若干），筷子（两副）。

（6）印好时光方格纸50张。

（7）印好感恩父母古诗词两首。

3. 场地安排

（1）家长等待区，不能让学生知道或看见。

（2）提前分好道具摆放在对应区域。

【活动安排】

活动一：分享故事，回忆曾经温暖的瞬间

1. 播放视频，唤醒回忆

同学们，有一种幸福叫陪伴，有一种温暖叫惦念。从小到大，这些温馨的场景你还记得吗？（播放《原点》最后部分）

2. 分享故事，感受陪伴

父母的爱是天底下最无私的爱。我看到很多同学都嘴角含笑，一定是回忆起了和父母在一起的那些幸福时光。哪位同学愿意分享一下？

学生们分享照片里的故事。

教师评价语：

（1）真是一个细心的孩子，能够将妈妈对自己的关心记得如此清晰。

（2）这是一位善于发现爱的同学，父母无声的关爱，他都看到了并感受到了。

（3）这样温馨和谐的家庭氛围，真让人羡慕。

（4）不把平常当平常，这位同学已经被自己父母默默的关心感动了，他是一个知恩感恩的孩子。

过渡语：遇到困难，爸爸妈妈第一时间帮你解脱困境；遭受不解，爸爸妈妈无条件安慰理解支持你；做错事情，爸爸妈妈不等你表示愧疚或歉意，就已原谅你，并向你解释是非对错，帮你改正错误。父母就是这样默默地陪伴着我们一天天长大。

活动二：穿越时空，遇见二十年后的父母

1. 时光机初体验

（1）生活观察。但是，细心的你是否有所察觉，他们慢慢地变得不再年轻，谁来说一说？

（2）穿越时空。再过二十年，二十年后的他们会是什么样子呢？（播放时光机中父母变老的样子。越多越好，整版呈现，配上音乐）

（3）凝视照片。认出自己父母的孩子请到台前来，用心凝视二十年后的父母十秒钟。（音乐）

（4）采访发言。我来采访一下这位同学，你此时最想说些什么？（采访三位同学或更多，看时间）

2. 变老之深体验

同学们，二十年后的父母改变的仅仅是容颜吗？下边我邀请一些同学做一些体验（图2-4-1）。

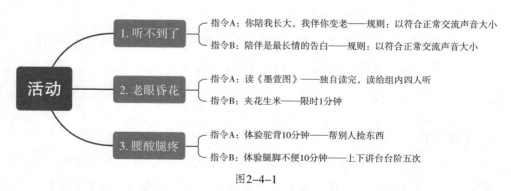

图2-4-1

活动1："听不到了"

（1）你陪我长大，我伴你到老；

（2）陪伴是最长情的告白。

活动2："老眼昏花"

（1）阅读感恩诗词；

（2）夹花生米。

活动3："腰酸背疼"

（1）捡东西；

（2）上台阶。

同学们，刚才有同学发出了笑声。我理解，你们可能认为这只是一个游戏。其实，我想告诉你们，这有可能就是二十年后你们父母的样子。他们再也听不清楚了，他们再也看不清楚了，他们再也不能牵着你的手陪你一起走过风雨。你还会笑吗？（音乐中，学生发言）

活动三：时光格子，追问陪伴父母的日子

（1）总结上边：是啊，树欲静而风不止，子欲养而亲不待。他们燃烧着自己年华，来供养我们，他们慢慢头发花白，皱纹遍布，步履蹒跚，脑袋混沌。时间似白驹过隙，你却总觉得来日方长。给我们父母一百年的生命，我们究竟还能陪他们多久？请拿出我们的时光格子，跟随老师的口令撕去其中的时间。记住，你撕去的不仅仅是一张纸，你撕去的是和父母在一起的时间。（音乐中，教师发布口令）

（2）做完后，总结：这一百年看似如此漫长，但留给我们陪伴父母的时间却如此之短。今天，我们也有幸请到了四位家长到场。让我们掌声有请。

（3）请几位孩子上场，现场拥抱父母。

（4）孩子们，那还等什么呢？（出示时光机中的照片）大声地告诉他们。（"你陪我长大，我伴你变老"三遍。全程音乐渲染）

（王文燕）

【评析】

在这个设计中，教师一开始让学生拿出照片"讲述自己和父母的幸福故事"，这些真实的素材和故事引发了学生的第一次情感共鸣，这是真实的生活情境；接着，教师运用"时空机"带领孩子们遇见"二十年后变老的父母"，当学生站在模拟的真实情境中，看着屏幕中变老的父母时，心灵受到的冲击是可想而知的，这是真实的心理情境；紧接着一系列更为真实的"变老体验"，让学生彻底地变成了一个又一个"老人"，他们步履蹒跚，他们听不清楚，他们看不真切，这是任务情境。场景越真实，体验就越深入，学生就是在这样的真实的情境中获得了思想的再一次升华。

二、关注需求，更能帮助学生的有效成长

在选择主题时，班主任首先应关注学生生活中的问题，针对学生普遍存在的典型问题，按照学生的年龄阶段特征及心理发展特点，设计适合不同年龄层次需求的主题班会。

瑞士心理学家皮亚杰提出了儿童认知发展阶段论，他认为儿童的认知发展是一个复杂而有序的过程，个体心理的发展是有顺序的，沿着一定的方向发展。心理发展遵循从低级到高级、从简单到复杂、从具体到抽象的发展顺序，这个过程是不可逆的，即不能朝反方向发展，其总体趋势是向上的。它涵盖了从出生到成年的整个时期。在这个过程中，儿童的认知能力会逐渐发展和成熟，从而影响他们的学习、社交和行为。

美国心理学家埃里克森提出了人发展的八个阶段，以及每个阶段的发展任务。埃里克森的八个阶段包括四个童年阶段、一个青少年阶段、三个成年阶段。每个阶段都有其特定的发展任务和挑战，这些任务和挑战在很大程度上塑造了个体的性格和行为。

不同年级的学生有着不同的成长特点，这些特点反映了学生的个体差异，也揭示了教育的多元性。因此，教育者应该根据学生的年龄特点，采取适当的教育方法，帮助他们健康成长。在设计关于生命教育的主题班会时，每个年级的主题是不一样的（表2-4-1）。

表2-4-1

年级	主题	年级	主题
一年级	我们从哪儿来	八年级	守护心底的阳光
二年级	珍惜每一个生命	九年级	知识，对于生命的意义
三年级	学会珍爱自己	高一	为他人服务，绽放生命
四年级	校园课间，从我做起	高二	人生规划，活出精彩
五年级	小小挫折，我不怕	高三	我的责任与担当

年级	主题	年级	主题
六年级	生命变奏曲		
七年级	七年级的我，不一样了		

学生需求是指学生在学习过程中所期望得到的帮助和资源，包括知识、技能、情感支持和个人发展机会。这些需求并非一成不变，而是随着学生的发展阶段、个性特点和生活环境的变化而变化。因此，教育者需要不断观察和理解学生的需求，以便提供最适合他们的教育。

案例2：更快的融入，来源于生活

"山河无恙花正好，一城春色复清明"说课稿

【班主背景】

2023年的两会上，习近平总书记指出，我们的教育要善于从五千年中华传统文化中汲取优秀的东西，同时也不摒弃西方文明成果，真正把青少年培养成为拥有"四个自信"的孩子。

清明节是我国的重要传统节日，是进行革命教育和传统美德教育的极好时机。为纪念这个有着深远意义的日子，我决定围绕"清明"这个传统节日开展系列主题班会。在缅怀先辈的情怀中知传统、重传统，继承弘扬传统，增进爱党、爱国、爱社会主义的情感。

【活动目标】

我以真实的情境为切入点，通过亲身体验，引发学生的情感共鸣，感悟传统文化的深刻内涵。因此，我设定以下班会目标：

（1）通过寻访、实践等形式，在追忆与思念中，认识清明节的意义。

（2）开展红色讲座、朗诵、表演等活动，缅怀革命先烈，激发学生传承革命精神。

（3）通过具体的行动，让红色的种子内化于心、外化于行，鼓励学生珍惜当下，增进爱国情怀。

【班会准备】

课前准备对德育教育的开展提供了有力的支撑。为此，我做了以下准备：

（1）教师准备主题班会课件，剪辑视频《跨越时空的对话》。

（2）学生开展红色小讲座"我说英雄事"，书写跨越时空的一封信。

（3）学生准备朗诵《觉醒的少年》。

【活动过程】

为了让班级活动由"静态"转变为"动态"，让学生在活动中感悟、在生活中接受教育，于是我设置了以下环节。

活动一：追思"清明"——英雄永垂不休

习近平总书记说："一个有希望的民族不能没有英雄，一个有前途的国家不能没有先锋。"英雄是民族最闪亮的坐标，在清明节来临之际，我采取研学的形式，通过网上纪念堂，为英雄献一瓣心香；带领学生前往烈士陵园，向英烈献鲜花；走进革命纪念馆，重温革命先辈的故事。学生从中明白清明节的意义不仅仅是教会我们不忘本，更是对中华民族五千余年来为党和国家的事业抛头颅、洒热血无数英烈精神的传承。学生从真实情境中感知那段浴血奋战的峥嵘岁月，让旧址遗迹成为移动的"教室"，让文物史料成为生动的"教材"，让"英雄"的种子扎根孩子的内心。

活动二：今日"清明"——传承红色基因

对革命历史最好的致敬，是不断创造新的历史伟业；对英雄烈士最好的纪念，是把先辈们开创的事业不断向前推进。这一环节，我在教室开展三项活动，诗歌朗诵《觉醒的少年》，观看话剧《少年长征路》，红色小讲座"我说英雄事"，讲座结尾出现神秘嘉宾——现身说法，本次班会走向高潮，学生在这样鼓舞人心的氛围中，纷纷表示要以英雄为榜样，铭记他们，学习他们，弘扬他们的精神，激发爱国热情，将红色的基因一代一代传承下去。

活动三：勿忘"清明"——笃行且惜当下

历史、现实和未来在清明交叠，连接起古人与今人，逝者与生者。他们只是走出了时间，在另一个时空与我们共同见证中华民族伟大复兴。在这一环节，我播放手绘短视频《山河无恙，吾辈自强》，将红色精神内化于心、外化于行。通过播放《跨越时空的对话》继而引导学生书写《跨越时空的一封信》可以告慰先烈，山河无恙；抑或激励自己，写给未来。最后全班齐诵《我们的信仰，是名为中国的光》。

班会总结：在对传统的回眸中，我们走进历史，原其理，悟其心，行其道，明白了文化自信从何而来，更明白了国家自信从何而来。前路漫漫，一时的驻足回望是为了积蓄力量。回首来时路，我们知道只有砥砺前行，才是对逝者最好的告慰与纪念。

【活动后跟进行为】

一次班会课对孩子来说是一次好的启发和引导，还要知行结合，持续跟进。在班级继续开展"家国共清明，童心敬英烈"项目化学习，成立项目小组，跨学科完成项目学习，最后进行成果展示。

（靳宛馨）

【评析】

这是一篇非常精彩的说课稿，除了语言精美之外，我们更是感受到了它与生活的融合。课前开展研学活动，依托网络和陵园资源，让孩子们走进生活中真实的红色遗迹，让英雄的精神深植于内心；课中的红色小讲座、老红军进课堂，引发现实生活与历史的深入碰撞，激发学生对于自身的思考；课后项目学习让学习与生活紧密连接，形成更为深入的序列化教育。总之，一次传统文化的洗礼，一次真实情境的植入，一次还原生活的教育，让孩子从日复一日的学习中解放出来，重新打量生命的意义，感受时间的珍贵。回首历史，引领他们在传统文化和革命文化中赓续红色血脉，传承革命精神。在深度体验中完成对过去的一次深情回望，对未来的一次校准，更加明白了要珍惜当下，笃定前行。

第五节　系统逻辑性原则

我们在组织和进行主题班会时，只靠单一的一节班会课，只靠一节课零散的缺乏层次的设计，很难达到持久的教育效果，为此深度体验型主题班会需要有明确的逻辑线索和连贯的主题思路。

所谓系统性原则是指主题班会的设计与实施应该是一个相互衔接、由低到高的教育系列。它的教育内容呈现由低到高的层次，通过系列内容的确定促进德育的不断进阶。概括地说可把这一系列分为宏观系统和微观系统两种。

宏观系统是指站在学生思想性形成和变化的年段特点上进行整体构想设计，形成整体的顶层设计与规划。比如在进行心理健康教育的时候，我们可以构建如下序列（表2-5-1）：

表2-5-1

年级	主题	内容
一年级	我是我自己的朋友	建立积极的自我形象，理解和接受自己的优点和缺点
二年级	如何处理压力	学习如何有效地应对压力，以防止压力对他们的心理健康产生负面影响
三年级	和同学的关系	学习如何与他人建立良好的关系，以及如何处理人际冲突
四年级	如何看待失败	学习到积极的心态对心理健康的重要性，以及如何从失败中学习和成长
五年级	如何处理情绪	学习到情绪管理的重要性，以及如何有效地处理他们的情绪
六年级	如何处理压力和挑战	学习如何有效地应对这些压力和挑战，以保持他们的心理健康
七年级	如何处理人际关系	学习有效的人际关系技巧，以及如何处理人际关系问题

续 表

年级	主题	内容
八年级	如何处理自我认知	学习如何有效地进行自我认知，以及如何使用自我认知来提高他们的心理健康
九年级	如何为未来做准备	学习如何制订目标、规划未来，以及如何处理不确定性

所谓微观系统是站在一个年级的某一个发展阶段，为实现某一个特定主题，而设置富有层次的系列班会，通过不同角度的主题介入来促进德育的产生。

比如通过"我从哪里来""岁岁年年，温暖了岁岁年年""一路有您，风雨无惧""你陪我长大，我伴你变老"等系列主题来感受父母之爱。这样的教育效果一定比单纯的一节课效果要好。六年级"我如何处理情绪"可以分解为六个主题来引领学生层层感知（表2-5-2）。

表2-5-2

总主题	分主题
我如何处理情绪	认识情绪
	学习如何识别自己的情绪
	学习如何接受自己的情绪
	学习如何调整自己的情绪
	学习如何表达自己的情绪
	学习如何处理他人的情绪

处理情绪是一个复杂的过程，需要我们的理解、接受、调整、表达和处理。通过六个班会主题的学习，我们引导学生更好地理解和处理自己的情绪，从而更好地面对我们的生活。

逻辑性原则是指主题班会的组织结构和内容必须遵循一定的逻辑顺序和逻辑规则，使学生能够清晰地理解班会的主题和目标，从而有效地参与班会的活动。如果一个主题班会缺乏逻辑性，那么学生可能会感到困惑，无法理解班会的目的和内容，也无法有效地参与到班会的活动中来。比如主题班会课堂活动的设计遵循的是"呈现问题（知）—分析问题（情）—解决问题（意行）"这样的逻辑，而解决问题遵循的是学习的逻辑：理解—实践—运用。遵循了逻辑，整个主题班会的设计便提升到一个新高度。

　　总之，在深度体验性主题班会设计与实施中，正向价值性原则指明方向；自我教育性原则是实施的关键与核心；整合体验性原则拓展了体验空间；生活关联性原则是班会成败的基础；系统逻辑性原则是实施的重要保障。五大原则互为依托，共同促进深度体验型主题班会的有效运行。

深度体验型主题班会的四项定位

　　主题班会是对学生进行德育的有效途径，如何有效地设计一节好的主题班会呢？在设计前应该明确它的四项定位，即分类定位主题班会应该如何分类，才能体现"深度体验型"的标准；主题定位，什么样的主题确定才能最大限度地引发学生的共鸣，连接起学生的"最近发展区"，明确班会的方向；背景定位，什么样的背景设定是基于各个层面不同要求的，什么样的背景设定有利于我们更科学地安排各项体验活动；目标定位，什么样的目标设置能够满足学生德育成长的不同需求，什么样的目标体系才能引领学生德育的更好发展？做好四项定位的研究与撰写是我们进行深度体验型主题班会的首要任务。

第一节　分类定位——深度融合共育人

什么是德育呢？顾明远先生在主编的《教育大辞典》中这样阐述：德育，旨在形成受教育者一定思想品德的教育。在社会主义中国包括思想教育、政治教育和道德教育。《中小学德育工作规程》这样定义德育：德育即对学生进行政治、思想、道德和心理品质教育。主题班会作为一种对学生进行德育的重要途径，作为一项引领学生进行自我教育、增强班级凝聚力、构建良好师生关系、实施素质教育的重要方式，是将各项内容、途径、时空进行有效融合的一种课堂艺术。站在不同的层面，依据不同的理念，我们可以对深度体验主题班会进行不同的分类。

一、立足内容与途径的融合

深度体验性主题班会可以是一个微小时段，可以是一节课，但又不拘泥于一节课，不局限于用一节课时间来完成主题教育。它是将课程、文化、活动、实践、管理和家校社一体进行有效融合而开展的主题班会形式。

《中小学德育工作指南》指出了德育的五大内容：理想信念教育、社会主义核心价值观教育、中华优秀传统文化教育、生态文明教育、心理健康教育；六大途径：文化育人、课程育人、活动育人、实践育人、管理育人和协同育人，为我们开展德育工作指明了方向。深度体验型主题班会可以立足于五大德育内容和六大育人途径进行深度融合，形成基于学生生活实践的班会模式。按照这样的形式，我们可以把主题班会分为以下四大类。

（1）课程融合类主题班会。"课程德育"是指各类各门课程立足于人的培养，遵循学生成长规律和教育教学规律，以课程本体认识为突破，融入体现时代特征的德育内容，体现纵贯横通，实现德智融合，系统落实立德树人根本任务。

站在"课程德育"的基础上，我们可以通过主题班会的形式来系统规划各学段的纵向内容序列。这意味着在不同的学段中，我们可以设计不同的主题班会，以帮助学生在德育方面得到全面发展。

同时，我们还可以在不同类型的课程和不同学科之间形成横向的内容架构。这意味着我们可以将德育的内容融入各个学科中，使学生在学习知识的同时也能够培养良好的品德和价值观。

为了充分挖掘各类课程中的育人因素，我们可以组织系列化的班会实践。这些班会可以包括讨论、角色扮演、小组活动等形式，通过互动和参与，让学生在实践中感受到德育的重要性，并能够将所学到的德育理念应用到实际生活中。

比如，我们可以在语文课上组织一次关于诚实守信的班会。在这次班会中，我们可以让学生分享自己在日常生活中遇到的诚实守信的经历，并进行讨论和反思。通过这样的活动，学生可以更加深入地理解诚实守信的重要性，并在实际生活中更加注重这一品质的培养。

（2）活动实践类主题班会。依据"搞活动"的核心理念，通过参与节日活动、仪式活动、校园节活动、少先队活动等来开设主题班会；在主题教育实践活动、劳动实践、研学旅行中融入主题班会，改变班会上课的地点，把班会移植到实践中去，比如到博物馆开一场"五千年文明我传承"的主题班会；到革命烈士纪念馆开一场"勿忘英雄，强国有我"的主题班会；或者用体验性活动、主题式活动、实践性活动等来贯穿班会的始终，让活动成为班会的重要组成部分。

（3）管理协商类主题班会。在管理协商类主题班会中，我们通过建立和实施班级民主制度来推行一系列的主题班会。这些班会的主题涵盖了各个方面，旨在培养学生的规则意识、自我教育意识和民主管理意识等。

例如，我们会组织接受新班后的班规制订与执行班会课。在这个班会课上，学生将共同商讨并制订班级的规章制度，包括课堂纪律、作业完成要求、考试规则等。通过参与制订班规，学生能够深入了解班级管理的基本原则和规范，培养他们的规则意识。

再如，我们会开展关于课堂行为规范的班会课。在这个班会课上，学生将学习如何遵守课堂纪律，包括不迟到、不早退、不交头接耳等。通过讨论和角色扮演等活动，学生能够认识到良好的课堂行为对于学习的重要性，培养他们的自我教育意识。

　　此外，我们还会组织班级年度人物评选班会课。在这个班会课上，学生将根据一定的评选标准，共同评选出班级的年度人物。这个评选过程不仅能够激发学生的竞争意识，还能够培养他们的民主管理意识。通过参与评选活动，学生能够学会尊重他人的意见，学会团队合作和协商决策。

　　（4）协同参与式主题班会。这种班会的目标是形成一个以学校教育为主体、家庭教育为基础、社会教育为保障的教育格局。这个格局的实现需要家校社成员的共同参与和努力。我们主要的目标是引导家长主动参与到孩子的教育过程中来。我们希望通过这种方式，让家长能够更好地理解学校的教育理念和方法，同时也能够让他们了解到孩子在学校的学习情况。

　　在这个过程中，我们希望能够共同解决家校协同过程中出现的一些问题。这些问题包括家长对孩子学习进度的担忧、对学校教学方法的不理解或者对孩子未来发展方向的迷茫等。

　　为了解决这些问题，我们会定期邀请家长参加主题班会。在班会上，共同就一些重要的教育主题进行深入的讨论和交流。比如，我们可以邀请家长共同就"习惯养成""生命教育""时间管理"等主题进行讨论。通过这样的方式，我们希望能够建立起一个开放、互动、共享的教育环境，让家长、学校和社会都能够在这个过程中发挥出自己的作用，共同发力推动孩子的全面发展。

　　四大类型主题班会相互促进、共同融合，组成了深度体验型主题班会的主要课型。

案例1：家校共携手，成就最好的孩子

"蜗牛蜗牛大步走"家校协同式主题班会

【背景分析】

　　美国哈佛大学人才学家哈里克说：世上有93%的人都因拖延的陋习而一事无成，这是因为拖延能杀伤人的积极性。三年级的大部分学生虽然对时间有一定的认识，但是落实到实际学习过程中就很难意识到时间的重要性，做事拖拉、懒散没有时间观念。我们班也常有家长反映说：孩子坐在书桌前半小时过去了，不见写了几个字，就像一只慢腾腾的"小蜗牛"，家长急得像热锅上的蚂蚁，不断催促，可孩子们毫无感觉。因为拖拉做事效率低，学生学得不扎实、玩得不尽兴，形成恶性循环。为了帮助这些"小蜗牛"改变拖拉的不良习惯，我试图学校、家庭两手抓，通过家校共育，助其成长，帮助其养成良好的生活、学习习惯。

【活动目标】

活动目标见表3-1-1。

表3-1-1

目标	家长	学生
认知层面	充分了解孩子是否拖拉，以及拖拉的原因和程度	了解自己拖拉的日常现象和拖拉的危害
情感层面	能正确分析孩子拖拉的原因；掌握合适且科学的调节的方法	能养成不拖拉的好习惯，拥有管理时间的有效方法
行为层面	做孩子的榜样，帮助孩子养成良好的习惯	增强自控能力，远离拖拉

【活动准备】

填写调查问卷、家长记录孩子在家做事拖拉，家长自己催促的视频；学生排练情景短剧；制作PPT。

【活动过程】

播放音乐视频导入。

起床，起床，快起来！去洗脸，去刷牙，记得梳头！快点穿上你的衣服，你的鞋。有没有在听啊？快起来！然后记得叠被子！

师：妈妈在催孩子做什么？你有这样被催过吗？

生：有。

师：催你做什么？怎么催的？能学学吗？

活动一：蜗牛蜗牛是什么

（1）播放提前搜集的视频——家长在家里催孩子做事的视频。

（2）学生交流感受：家长为什么要催你？当时拖拉后结果怎样了？如果拖拉这个坏习惯一直藏在你的体内，当你长大成为运动员、医生、消防员，当你参加比赛、做手术或救火时，拖拉会怎么样？

（3）学生交流。

生：拖拉真是太令人讨厌了，它的危害太大了。

生：想让拖拉离我远远的，千万不能沾惹上它，太可怕了！

生：拖拉会给我们平时的生活带来很大的麻烦，甚至会威胁到生命，定要打败它！

（4）小结：每天我们都会被妈妈、老师、同学催来催去，做这做那，都是因为拖拉搞的鬼。拖拉非常可怕！一定要学会打败它。

活动二：蜗牛蜗牛在这里

（1）情景再现。

一位学生演小亮，一位学生演老师，一位家长依据平时实际即兴表演。

早上5：40的闹钟响了，小亮原本准备起床背英语单词，可又觉得6点起床背也不迟，便继续睡。6点妈妈来叫他起床，他嘴里嘟囔：再睡一会儿，不急。6：20妈妈做好饭又来叫他，他又说等一会儿等一会儿。等他起床时才发现离到校时间只剩半小时了，他赶紧吃早饭，匆忙赶去学校。

到了教室早读，小亮嘴上跟着同学读课文，可有口无心，心里着急英语，结果课文也没记住。英语课单词没有背出来，被老师批评。

放学回到家，妈妈催他写作业，他说不急不急，然后打开电视机，津津有味地看了起来。吃过晚饭，妈妈陪着他做数学作业，他只做了5分钟，就开始抠笔，抖腿，发呆，妈妈看不下去继续催促，又过了一会儿，他被两道题卡住了，他有点后悔自己在数学课上发呆没有认真听讲。摸摸本，翻翻书，也没写出来一个字，妈妈又催促。最后还是妈妈给他讲解后才做出来。拖拖拉拉到了11点才去睡觉。

（2）家长交流：如果在你家，看到这种蜗牛行为，你会怎么做？

（3）情景互换，家长当学生，学生当家长，再现处理情景。

（4）交流感受。

（5）小结：家长持怀疑态度，孩子会没有自信，拖拉不求上进，反叛和挑衅。父母应放平心态，正视孩子磨蹭拖延的毛病，孩子做事情磨蹭拖延的习惯是一次又一次，积久而成的，不是一时半刻，就能纠正过来的，所以着急焦虑不但于事无补，相反会引发自己的脾气，从而影响孩子的心理与情绪。其次，要从自身寻找原因，反思一下自己做事是不是存在拖延磨蹭的毛病？父母从自身进行调整之后，再对孩子的不良行为给予方法纠正，做到"温和而坚定"的教育，取得双向共赢。

活动三：蜗牛蜗牛要加油

（1）一起讨论小亮的时间漏洞在哪里？

赖床、目标不明、不专心、做事不分主次、上课不认真听……

（2）你有什么好的建议吗？

（3）参与游戏，感悟专心。

第一次老师扔出一个纸团，学生很容易接住了；第二次老师扔出两个纸团，学生想接住两个纸团，结果两个都没有接到，试了几次，都没能同时接到两个。换好几个学生，结果差不多，最多只能接住一个纸团。

（4）学生交流。

生：一次只能接住一个，不能同时接住两个。

生：当我眼睛盯着这个时，发现那个已经掉在地上了。

生：想接住两个，结果两个都掉地上了。

小结：一次要专心做一件事情。

（5）实验：把所有核桃、桂圆和大米都放到杯中并盖上盖子。

如果这个杯子代表我们一天的24小时，核桃和大米代表每天要做的事，核桃代表重要的事，桂圆代表比较重要的事，大米代表不重要的事。你有什么新的感受？

小结：区分事情的轻重缓急，重要的事情要先做。

（6）神奇一分钟。

现在咱们来放松一下，请同学们坐端正，轻轻地闭上眼，我们一起来静静地聆听时钟的滴答声。

刚刚过去的这段时间带给你怎样的感受？（教师趁机解释：其实，刚才这段好像很漫长的过程，只有1分钟。）

（7）放松过后是一个富有挑战性的游戏，请拿起你桌上的"挑战项目"，游戏规则是：一分钟内，你能完成多少道口算题？能抄写多少词语？准备好了吗？计时开始！时间到，数一数，然后汇报你的战绩！

（8）交流：刚刚过去的1分钟带给你怎样的感受？

生：太快啦！感觉"嗖"地一下子就过去了。

生：我拼命地写，一下都不敢停，感觉在和时间赛跑。

生：我专心地做题，当听到老师喊停的时候，发现还有好多题都没做呢！这1分钟也太短暂啦！

（9）教师小结：每分每秒要珍惜。

活动四：蜗牛蜗牛大步走

（1）交流：如果你是小亮，今天应该怎么做？

（2）亲子合作制订任务计划表。

利用周末，家长协助孩子制订任务计划表，与孩子共同商量本周有哪几件事情要完成，并列成清单，然后让孩子学会自主安排时间，由他决定什么时间做什么事情。如果清单中的事情完成了，也可以获得相应的小奖励，比如周末的晚上可以看喜欢的动画片，这样也是为了让孩子建立时间观念，该玩的时候就痛痛快快地玩，该学的时候就要认认真真地学。让孩子学会规划时间。采用清单的形式让他在完成的事项后打钩。

【班会课的延续】

想要蜗牛起飞就要学会坚持，坚持一个月，就能养成好习惯！做一张挑战书，坚持一天，就把它涂黑。坚持下去，一定能打败"拖拉"。

活动五："打败拖拉，远离磨蹭"挑战书

拖拉小秘诀：做到"一次专心一件事，重要事情要先做，一分一秒要珍惜"。

请家长采取联动机制。如果在学校没有完成作业，动作慢拖延，就不能涂黑，如果在校连续三次不能涂，就直接取消一次外出活动时间，不吵不骂，温和而坚定。

（张　盈）

【评析】

由幽默风趣的歌曲导入，让学生不反感不排斥，乐于进入家校课堂；通过观看生活视频，回忆家长的催促，发现原来自己也是一只"小蜗牛"，也有拖拉的小毛病，并很好地理解拖拉的危害。

通过一系列家校协同计划的实施，"小蜗牛"开始提高做事情的效率，这些都为帮助他最终能够养成不拖拉的好习惯做下了铺垫。打败拖拉不是一朝一夕的事情，更多的时候是一种"隐性"的习惯，是一种潜移默化的过程，是个长久的工作。

家校协同式主题班会是一种有效的沟通方式，能够加强学校和家庭之间的合作，共同促进学生的健康成长。通过组织这样的班会，可以帮助学生更好地成长和发展，同时也能够促进家长和教师之间的交流与合作。

二、立足时间与空间融合的分类

主题班会按照课时来分，可以分为三种：10分钟或者20分钟左右的体验型微班会；常规40分钟的体验型主题班会；前中后一体联结式深度体验型班会。

（一）体验型微班会

微班会彰显了"微"和"班会"的双体功能，它以"微"充分利用学生的注意时长，以"课"充分彰显教师的主导，实现了课堂的翻转，促进了班会课的革命。微班会切入点小、主题鲜明、目标明确、内容短小、精干，以小见大。在微班会中，我们可以组织微主题，比如利用每天的微时段，开展文明行为养练，我们就可以设计"上下课，我有序"主题系列，分为这样几个板块（表3-1-2）：

表3-1-2

板块	内容	表现形式	目的	效果
1	桌兜摆放有次序	视频、讨论、实操	桌兜书本摆整齐	
2	上课听讲有秩序	游戏、演示、实操	上课听讲不走神	
3	下课活动有顺序	管理、活动、实操	下课活动不疯跑	
4	行为习惯有展示	协同、演练、实操	家校协同验成果	

我们还可以形成微系列，比如感恩系列，形成感恩父母、感恩亲人、感恩家国、感恩自我等20分钟微班会系列；心理健康教育系列，结合学生心理发展的特点而组成系列微班会；安全教育系列，用孩子们喜闻乐见的形式来组织安全教育活动微班会等。

深度体验型微班会着眼点在于运用体验型的活动揭示一个微小的主题，解决班级出现的新问题。不讲求环节的完整、细致，但能用具体的活动、游戏、体验、视频等解决出现的亟待解决的小问题，满足班级和学生成长的需求。

（二）三环六步体验型主题班会

三环六步体验型主题班会（或"前中后联结式主题班会"），是在40分钟常规型班会的基础上建立起来的，这种模式将课前准备、课中实施（知、情、意、行四个环节）和课后跟进三种形式有机地结合在一起，形成了一个三环节六步骤的持久高效的教育过程。

课前准备主要包括课程准备和学生动员两个部分。在课程准备阶段，教师需要根据教学目标和学生的实际情况，设计合适的班会主题和内容。这需要教师进行一些研究，或者与学生进行讨论，以确保班会的内容能够满足学生的学习需求。在学生动员阶段，教师需要通过各种方式，如通知、提醒、彩排、综合实践等方式，让学生知道即将进行的班会，提前进入班会，并激发他们的参与热情。

课中实施主要包括课程实施和反馈调整两个部分。在课程实施阶段，教师需要按照预先设计的班会内容，按照"知、情、意、行"四个步骤引导学生进行学习和交流。

"知"是指道德的认知，通过图片、视频、游戏等导入，引导学生了解什么是良好的行为、什么是不良的行为，从而形成正确的道德观念。

"情"是指情感的培养，通过故事、案例、角色扮演等方式，让学生感受到道德的重要性，激发他们的同情心和爱心，培养他们的道德情感。

"意"是指意愿的形成，通过讨论、辩论、投票等方式，让学生明确自己对于道德的理解和态度，形成坚定的道德意愿。

"行"是指行动的实践，通过实际的行动，如志愿服务、公益活动等，让学生将所学的道德知识和道德情感转化为实际行动，真正做到知行合一。

这可能需要教师运用各种教学方法，如讲解、讨论、小组活动、连线、户外实践等，以促进学生的积极参与。在反馈调整阶段，教师需要收集学生的反馈信息，了解班会的效果，然后根据反馈信息进行调整。这可能需要教师进行一些反思，或者与学生进行进一步的讨论，以提高班会的效果。

课后跟进主要包括课程总结和后续跟踪两个部分。在课程总结阶段，教师需要与学生一起回顾班会的内容，总结学习的收获。这可能需要教师进行一些整理，或者与学生进行分享，以确保学生能够巩固学到的知识。在后续跟踪阶段，教师需要通过观察、询问等方式，了解学生在实际生活中如何应用所学的知识，然后提供必要的指导和支持。这可能需要教师进行一些关注，或者与学生进行进一步的交流，以促进学生的长期发展。

　　总的来说，前中后联结式班会模式具有明显的优势。它将课前、课中和课后的班会有机地结合在一起，形成一个连贯的教育过程，提高了教育的效果。本书中将着重就这一模式的设计与实施提出一些崭新的想法。

案例2：前中后一体，增加体验的长度

"我把挫折当勋章"主题班会

【班会背景】

　　中国教育部学生心理教育专家俞国良教授指出：如果把心理健康教育与"德智体美劳"五育之间的关系比作人的一只手，德智体美劳是其点石成金的五根"手指"，而心理健康教育则是"手掌"，连接着"五育"中的每一个要素。这也就是祖辈留下来的那句话：育人先育心。

　　随着社会经济的高速发展，心理健康问题已经趋向于低龄化。通过对六年级学生的心理问卷调查，了解到80%的学生都有学习压力，8%的学生有与人相处的困扰，5%的学生有来自生活和家庭因素的烦恼，7%的学生心理比较阳光。可见，引导他们正确面对困难和挫折，努力实现自身价值，形成坚毅的个性品质、健全的人格，对今后人生挑战来说尤为重要。

【班会目标】

　　（1）通过实践任务和游戏，使学生认识挫折，勇敢面对挫折。

　　（2）通过汲取榜样力量，提高学生面对挫折的承受力，掌握对待挫折的正确方法。

　　（3）通过聚焦党史，引领学生立志做向上生长、面向未来，有生活力的时代新人。

【班会准备】

　　（1）教师层面：收集有关学生心理的热点事件、设计学生心理调查问卷并做数据分析、策划"鸡蛋撞地球"的小组实践任务，编排情景剧《向先贤前人们寻找不屈的力量》。

（2）学生层面：完成两个团队任务：完成"鸡蛋撞地球"实践任务，填写实践活动记录单；搜集党的奋斗史，绘制百年大事记轴。

【班会过程】

活动一：展示记录单，引发心思考

（1）展示课前学生完成"鸡蛋撞地球"实践任务的活动照片和视频。

（2）对试验成功的团队颁发"护蛋小卫士"勋章。

（3）交流：同学们在试验中遇到的最大挑战是什么？在交流中引发学生思考如何让鸡蛋在撞击地球的时候完好无缺。

活动二：沉浸趣游戏，打开心世界

（1）做一做：组织学生以小组的形式，开展"破茧成蝶"的游戏，用猜拳的形式，赢的同学持续进阶，输的同学打回"卵"形。通过四步，体验"卵—幼虫—蛹—蝶"的破茧成蝶过程。

（2）说一说：访问从"蛹"变"蝶"那一关猜输被打回"卵"同学的感受。

（3）小结：我们的人生正如这个游戏，当我们付出很多努力，却不得不从头再来。这就是挫折。

（4）说一说：生活中，你遇到过哪些挫折？哪些已经解决了？哪些还没有解决？挫折无处不在。

活动三：榜样汲力量，加固心防线

1. 榜样汲力量

在我们生活中，廖老师也和我们一样遇到过挫折。请大家一起观看视频《生命的重建》，并回答以下问题：

视频中的廖智老师遇到了什么挫折？面对挫折，她是怎么做的？

2. 交流明方法

小组交流汇报：在遇到挫折后，你有哪些应对的好方法？

3. 我来摘勋章：我在生活中遇到挫折，是这样来战胜的

当我们受挫时，可以增强自信，正视挫折；请求帮助，战胜挫折；调节心情，笑对人生。

活动四：聚焦党历史，坚定心志向

（1）学生代表展示课前绘制的中国共产党百年大事记图，并进行解说，回顾历史。

（2）党的历史就是一部充满挫折的历史，但挫折是共产党焕发生机的动力。

（3）全班同学起立配乐朗诵《七律·长征》。

（4）课堂总结：作为新时代好少年，我们立志做向上生长、面向未来，有生活力的时代新人。

【活动后跟进活动】

（1）设置班级能量站，同学们进行励志打卡活动，班级逐渐形成向上向善的班级氛围。

（2）设计"励志加油卡"，在校园、社区进行发放，传递温暖，弘扬正能量。

（屠晓慧）

【评析】

课内种下一粒种子，课外收获一派生机。将班会任务前置，以试验的形式激发学生的探索欲和反思力，并及时进行总结，提出思考方向；通过欢乐而又刺激的"破茧成蝶"游戏，让学生初步体验挫折在人生路上的不可避免性和普遍性，引出学会面对挫折的必要性；从榜样入手，提高学生对挫折的认识，并结合自身的实际，分析讨论，进行思维碰撞，互相补充；通过回顾党史，对学生进行红色教育，从个人层面走向国家层面，培养学生的爱国精神，立志做新时代好少年，为课后跟进活动，打下坚实的基础。

回顾整节课，学生在深度体验和自省内悟中，掀起了一股"把挫折当勋章，做时代好少年"的热潮。前中后一体，穿越时空的限制，拉长了学生参与体验的长度，扩展了学生参与体验的空间，将"实践任务""活动游戏""身边榜样""党史聚焦"串联在了一起，达到了情感与情感的共鸣，智慧对智慧的点燃。

第二节　主题定位——小点切入明主题

如何设定体验型主题班会的主题，使之既能激发学生的兴趣，又能达到教育目标，是教育工作者需要思考的问题。这需要教师根据学生的实际情况和社会的需要，进行综合考虑和科学设计。只有这样，体验型主题班会才能真正发挥其教育功能，为学生的全面发展提供有力的支持。主题班会课的主题设定要遵循四大原则。

一、主题要从小点切入

班会课主题要明确，与学生发展现状相符合，与教育时代要求相统一，解决好"培养什么样的人"的问题；要开展得深入，在设计主题的时候一定要从小点进入，化繁为简，见微知著，便于落实与评价，更有利于大主题的升华。所谓的"小点"，指的是那些贴近班级师生的真实问题需求的、亟待解决的，能引发更大思考的事件、案例、人物等，可以包含以下几个方面。

1. 班级日常的问题点

学生在班级生活中，会出现不同层次的问题，这样的问题出现同样也是我们对学生进行教育的重大契机。这样的契机主要包括可预见性教育契机和偶发教育契机。如可预见类的，通过讨论学生的作业完成不认真的情况，或者学生在课堂上不专心的表现，来引导学生思考"学习态度改变、学习方法提升"；偶发性的教育契机，如学生发生肢体冲突，或者发生意外安全事故等，这时候，我们就可以抓住契机，展开教育。

问题一：学生行为习惯差

表现：学生对于课堂规则、课间活动规则等理解不清，导致行为规范混乱。如，学习习惯差，缺乏上进心；注意力不集中；大错不犯，小错不断；后进生转化不理想；服饰、发型不合要求；学生在课堂上说话、玩耍，甚至打闹，严重影响课堂秩序……

问题二：家校协同不到位

表现：家长与教师之间的信息交流不足，导致对学生行为的理解和处理存在差异。家长对学校教育工作的理解和支持不足，影响了家校合作的效果，如：离异家庭学生行为问题；单亲家庭孩子得不到归属问题；进城务工家庭缺乏必要的家庭教育知识；不支持学校工作；替自己孩子报仇，殴打其他学生；和老师闹矛盾……

问题三：班级组织建设问题

表现：班级文化活动缺乏，学生的精神生活贫乏。如：班级缺乏凝聚力；学生缺乏团队合作能力；学生不接受班级班规；对班级活动不热心，不参与；中途接班，学生"铁块一板"……

问题四：学生心理健康问题

表现：部分学生出现焦虑、抑郁等心理问题，影响学习和生活。如面对挫折不能承受、校园欺凌问题、说谎问题、厌学逃学问题、攻击性行为、网瘾问题、自卑自负心理、青春期心理问题等各个方面。

问题五：综合治理问题

表现：班级出现小团体、班级失盗、校园突发事件、群体性冲突、孩子早恋等。

问题六：学生自我认知问题

表现：学生缺乏创新意识、批判性思维、社会责任感、健康生活习惯、自我保护意识、时间管理能力、情绪管理能力等。

每个班级学生会有每个班级不同的问题出现。作为班主任，我们可以以此为契机，紧扣这些日常管理中出现的小问题，引发学生对于自身成长的思考。

2. 热点事件的关注点

时事热点往往能引发学生的广泛关注和热烈讨论。两伊战争让我们更加认识到和平的珍贵，提出"远离战争，珍爱和平"的主题；网络烂梗引发我们对于传统文化的思考，引出"和网络烂梗说NO"的主题；以亚运会为切入点落实体育运动主题教育；以筷子文化为切入点体现传统文化之美……教师可以结合这些热点，从小点的现象入手，引导学生思考社会问题，培养他们的社会责任感。比如：围绕传统文化、传统佳节、心理问题低龄化、网络暴力、欺凌、劳动教育、中医药、二十大、两会、劳动教育、亚运会等进行选题更具有时代感。比如，劳动教育就可以在小初高不同年级选择不同的小点切入（表3-2-1）。

表3-2-1

大主题	年级	切入点	主要内容
劳动教育	小学	认识劳动	通过讲述劳动者的故事，让学生理解劳动的价值和意义
		家务劳动	教授学生一些简单的家务劳动技能，如扫地、洗衣等
		学校环境美化	组织学生参与学校环境的清洁和美化工作
		社区服务	引导学生参与社区服务活动，体验劳动的乐趣
		制作手工艺品	通过制作手工艺品，培养学生的动手能力和创新精神
		种植小菜园	让学生亲手种植蔬菜，体验农耕文化
		节约资源	教导学生珍惜资源，养成节约的习惯
		劳动成果展示	展示学生的劳动成果，激发他们的成就感
	初中	职业规划	引导学生了解各种职业，进行职业规划
		社会实践	组织学生参与社会实践活动，提高他们的社会适应能力
		劳动技能培训	教授学生一些实用的劳动技能，如电工、木工等
		环保行动	引导学生参与环保活动，培养他们的环保意识
		健康饮食	通过制作健康食品，让学生了解健康饮食的重要性
		劳动权益保护	让学生了解劳动权益，学会维护自己的权益
		劳动伦理	讨论劳动伦理问题，培养学生的良好道德品质

续 表

大主题	年级	切入点	主要内容
劳动教育	初中	劳动与学习	讨论劳动与学习的关系，帮助他们形成正确的价值观
		劳动成果展示	展示学生的劳动成果，激发他们的成就感
	高中	职业探索	引导学生深入了解各种职业，进行职业探索
		劳动技能提升	教授学生一些高级的劳动技能，如汽车修理、烹饪等
		创业教育	引导学生了解创业知识，培养他们的创业能力
		劳动权益保护	让学生了解更复杂的劳动权益问题，学会维护自己的权益
		劳动伦理深度讨论	讨论更复杂的劳动伦理问题，培养学生的良好道德品质
		劳动与社会责任	讨论劳动与社会责任的关系，帮助他们形成正确的价值观
		劳动成果展示	展示学生的劳动成果，激发他们的成就感
		未来职业规划	根据学生的兴趣和能力，进行未来职业规划

3. 学生发展的生长点

每个学生在不同的年龄都有自己的成长特点，在不同的时段都有自己的生长烦恼和问题表现。这些看似微小的变化、表现却有可能会影响其一生的发展。班主任工作的一个很重要的任务就是对学生的发展进行指导，其中包括"思想指导""学习指导""生活指导""生涯指导"和"心理指导"，关注不同时期学生发展的生长点，更有利于他们健康成长。教师要充分考虑这些方面的特点，设计好不同年龄段的活动内容，引领孩子们健康成长。比如，高年级孩子缺乏自我规划的意识，整天沉迷于网络游戏，教师就可以设计以"游戏·未来"为主题的班会，引发学生深入思考。再如感恩教育，不同的年级选择的主题是不一样的（表3-2-2）。

表3-2-2

年级	主题	内容
一年级	我从哪里来	了解生命由来，感受生命来之不易，感悟母亲孕育的辛苦
二年级	"护蛋行动"感恩母爱	通过亲身体验，感受妈妈抚养过程中的艰辛
三年级	种下一棵感恩树	了解父母对个体生命成长的重要性
四年级	碎碎念念，温暖了岁岁年年	体会爱在生活的点点滴滴中
五年级	时光请慢点	认识到父母的爱，表达对父母的爱，珍惜父母的爱
六年级	爱要大声说出来	增强学生的感恩之心和社会责任感，学会用行动表达爱

4. 家长反馈的协同点

家长是学生的第一任教师，他们对孩子的观察和理解往往比教师更深入。教师可以听取家长的反馈，引导学生思考家庭教育的重要性。如从家长反馈孩子在家不爱劳动引发孩子劳动意识的提升，劳动实践活动的开展等，可以设置"悦劳动，越幸福"亲子型主题班会。

家校协同类班会的主题选择

学习方法与策略：时间管理、注意力集中、阅读技巧……家长可以通过了解不同的学习方法和策略，帮助孩子找到适合自己的学习方式，适时调整学习方法和策略，以适应孩子的学习需求，从而提高学习效果。

作业完成与优化：让家长深入理解并参与孩子的学习过程，通过监督和指导孩子完成家庭作业来帮助他们建立良好的学习习惯和技巧。

课堂行为与纪律：通过参与课堂活动，让家长可以更好地了解孩子在学校的表现，了解如何培养孩子良好的学习习惯和遵守纪律的重要性，从而为他们提供更有针对性的指导和支持。

课外活动与兴趣培养：体育运动、艺术创作、音乐表演、社会实践……让家长更好地了解孩子的兴趣和特长，从而为孩子提供更多的学习和发展机会。

学生心理健康：增强心理素质教育、培养情绪管理能力、提高人际交往能力、预防心理问题……通过关注孩子的心理状态、加强与孩子的沟通和交流、参与学校活动等方式，家长们可以为孩子提供一个健康、快乐的成长环境。

家庭教育理念：通过深入探讨和理解多种亲子教育主题，家长们可以更好地指导孩子的成长和发展，培养他们健康的心理、积极的价值观和良好的行为习惯。

学生的职业规划：对自己的兴趣、能力和价值观有深入的了解；设定明确的职业目标；制定实现职业目标的策略；定期评估和调整自己的职业规划……家长可以与孩子共同制定目标和计划，鼓励他们在学业和职业中追求卓越。

学生的生活习惯：规律作息时间；健康饮食；锻炼身体；合理使用电子产品；培养阅读习惯；积极参与社交活动……家校协同，培养良好的健康习惯，并提高学习效果。

学生的时间管理：通过如何有效地安排和利用时间；如何平衡学习和其他活动；如何避免拖延症，家长们可以更好地引导孩子养成良好的时间管理习惯，为他们的未来发展打下坚实的基础。

学生的阅读习惯：阅读时间和频率、阅读内容选择、阅读方法、阅读笔记、分享与讨论、培养自主学习能力……引导家长们了解并关注孩子的阅读习惯，以帮助他们更好地发展。

学生的团队合作能力：沟通能力、合作意识、分工合作、解决冲突的能力、领导能力、自我管理能力、建立信任关系……让家长可以了解和帮助学生在团队中成长。

学生的社会责任感：公民责任、环保意识、对弱势群体的关爱、社区服务……通过和学生共同参与活动，并为他们的成长提供有益的指导和支持。

学生的自我管理能力：了解和提升孩子学习、生活习惯以及时间管理等多个方面的自我管理能力，帮助孩子在学习上取得更好的成绩，同时也能让他们更好地适应各种挑战。

学生的创新思维能力：发散性思维、批判性思维、创造性思维、问题解决能力、适应变化能力……让家长了解孩子在学校的创新思维能力培养情况，以便在家中进行适当的引导。

……

家校协同的班会主题是家校合作的重要组成部分，它可以帮助家长更好地理解孩子的学习情况，也可以让教师更好地了解学生的需求。

家校协同的班会主题不仅仅是一种形式上的安排，更是促进家校合作的有效手段。通过精心选择合适的主题，可以使家校协同教育更加高效、科学，为学生的全面发展提供坚实的保障。同时，这也为家长和教师搭建了一个良好的沟通平台，增进了彼此的了解和信任，共同为孩子的成长努力。

（5）教师自我的反思点。教师可以通过自我反思，发现自己在教育教学过程中的不足，然后思考自己该如何改进策略，从自己出现的问题入手，来优化教育方法。如教师可以结合自身对班级团队教育失败的经验，以"小团队，大力量"为主题组织班会。

主题的"小"更能真实反映出班级各个层面学生、家长、教师的需求，更能"以小见大"，凸显教育效果。作为班主任要加大反思的力度，比如同一大主题的班会主题在不同年级的设定是不一样的，如在进行以"培育阳光心理，护航健康成长"为主题的班会主题确定时，每个年级和每个班级一定会有区别（表3-2-3）。

表3-2-3

年级	主题	年级	主题
一年级	我真的很不错	四年级	"我"想更懂你
一年级	别跑，我的注意力	四年级	和坏情绪说"NO"
一年级	身体红绿灯	五年级	让他三尺又何妨
二年级	我的情绪我做主	五年级	让生命之花绽放
二年级	做情绪的小主人	五年级	小宽容，大美德
二年级	我的情绪小怪兽	五年级	让少年的你远离校园欺凌
三年级	与"鸭梨"共舞，塑美好人生	六年级	一寸光阴一寸金
三年级	不一样的我	六年级	挫折的礼物
四年级	乐观，我来了	六年级	风雨后，花绽放得更美丽
四年级	逆风飞翔，直面挫折	六年级	隐形的翅膀
四年级	我的情绪我做主		

总之，主题班会的主题不是随意设定的，在选题的时候一定要充分地观察、仔细地思考，深入了解学生，感知他们成长的真实需求，做足准备，有的放矢。班会课的素材选定要新颖，或紧抓社会热点，或贴近学生生活，能够与学生的思想认识和生活实际贴近，有效引发学生的思考和感悟。

二、主题选择要凸显专一

主题班会的主题选择要呈现单一性。一节常规的主题班会的时间只有不到

40分钟时间，这就决定了在一节主题班会课里不能呈现多种主题，不然体验的效果就会大打折扣，甚至连一个主题都不能实现。

案例：班里的学生按照成绩自然分成了几大"集团"：成绩好的一些学生常在一起讨论问题、高谈阔论；调皮的学困生"难兄难弟"们打得火热，上课下课常忙得不亦乐乎；成绩中等的学生则是"沉默的大多数"，他们不给班级添乱，引不起老师和另外两类同学的关注。

面对这样一个案例，如果我们要确定主题进行教育的话，会选择什么呢？可能每位老师的选择都会不一样。团队问题，帮扶问题，班风问题，还是归属问题，很显然一节主题班会是解决不了这么多问题的。怎么办？我们一定要确定专一明确的主题，通过几堂课的共同活动来实现教育的目的（表3-2-4）。

表3-2-4

大主题	课节	子主题
提升班级凝聚力	第一节	小集体，大家庭——集体教育
	第二节	我的班级，我的团——文化构建
	第三节	伸出温暖的手，一起向前走——相互帮扶
	第四节	我为"我家"开处方——共同发展
	第五节	我有"超能力"——展示自我价值

这样的主题分解，让"提升凝聚力"这一抽象的大主题变成了可操作的、可实现的，一节课就能解决的小主题，实效性更强，学生参与体验的深度就会加强。

此外，我们在进行主题确定的时候也要注意方向的唯一性。"心中有他人，做有爱心的人；关心他人，包容友善；自尊自爱，团结包容；自律、奋进、合作，才能成功；自我认同，增强效能感……"这样的主题里明显包含了好几个子主题，明显目标不够明确，要想在一节课中完成这么多的主题学习，是不现实的。

"感恩，从心开始""感恩的心，感谢有你""心怀感恩，向阳而生""学会感恩，与爱同行""学会感恩，懂得感恩""爱，从感恩开始""感恩祖国""感恩父母""感恩主题班会"……这种题目太过宽泛、空洞，缺乏新意。

如果换成"山无言，爱有声""祖孙情深，感恩有您""猜猜我有多爱你""你孝起来真好看""碎碎念念，温暖了我的岁岁年年""时光慢一点，爱你多一点""你陪我长大,我陪你变老""一言一行皆是爱"这样的题目,不仅切入点小,从父爱、祖孙情、时间、言行等角度来谈感恩,还比较专一,互动性强,明确了整个主题班会学习和感悟的重难点。

在多元化主题下,学生可能会被各种话题分散注意力,导致讨论无法深入。而单一主题的班会活动则可以使学生将所有的精力都集中在这个主题上,使得讨论更加深入、更有针对性。此外,单一主题也有助于提高学生的参与度。当学生知道自己需要围绕一个主题进行讨论时,他们会更加积极地参与进来,提出自己的观点和建议。

三、主题确定要有主体意识

班会主题的确定要符合学生的认知规律,能引起学生的共鸣,激发他们不断学习的兴趣。主题的确定要兼顾学生的需求与兴趣,这样学生在本节课中才能有话可说、有话能说。主题确定主体性有三种方法。

(一)以小见大式

我们可以把主题分为两个部分:第一个部分是小点切入;第二个部分是要展现的大主题。

比如,在"强国有我"班会主题的确定时,如果我们直接以"强国有我"做主题,显然不符合学生基本的认知需求,面对这样一个宏大的主题,他们会显得无话可说,或者感觉到无从感知。如果我们从"冬奥会"这一小点切入,就不一样了。刚开完奥运会,这是一个激动人心的时刻,作为社会热点,关注度比较高,和学生生活连接比较紧密。我们把二者进行组合,可以确定"冬奥中国红,体育强国梦"的班会主题,这样以小见大,学生从感知冬奥运动会中中国运动健儿夺冠、为国争光的风采后,逐步走向了"强国有我"的伟大行动。

再比如,在"感恩父母"系列主题班会时,好多教师直接确定了这样的主题:"感恩父母,感谢有您""心怀感恩,向阳而生"……这样的主题在一开始就直接把方向指向了对父母的感恩,那下边我们的整节课的流程该如何推进呢?就有教师采用了不一样的主题,比如"碎碎念念,温暖了我的岁岁年年",巧妙地从父母的唠叨入手,引导学生进行感知,并逐步升华,引导学生感悟父母之爱的伟大。

再如,在生命教育主题班会时,教师直接以"感恩生命,悦纳自己"为主题进行教学，学生就会感到茫然无措，不知如何去思考。如果从学生身边的问题入手来确定主题，问题就迎刃而解。一位教师从"学生的成长烦恼"入手，确定了"和烦恼说再见，悦纳自己"，这样一来学生从主题确定开始就已经完全打开了话匣子，他们会觉得这离自己很近，主题班会的深度才会加强。

以小见大式的主题确定很常见，我们可以根据学生的年龄特点和自身需求，站在心理发展的维度进行确定。比如"天空课堂，圆梦飞天""小鞋架，大世界""筷来，传承中国文化""一碗烩面，标准的河南味"……两段式的主题设置，从小处入手，走向大主题。当我们要写中国文化时，先不要写中国文化，我们可以写中国的山川、写中国的美食、写中国的诗词、写中国的人文……这里边无一不彰显着中国文化的基因。我们的主题确定又何尝不是这样呢？

（二）比喻象征式

运用比喻象征的手法对主题进行诗意化处理，引发学生自我的思考和参与学习的热情。

比如，我们在开展"勤俭节约"主题教育的时候，我们可以设置主题为"一粒米的前世今生"，用比喻的方法让学生很自然地融入主题，去研讨这粒米从播种、劳作、耕耘、施肥、收获过程中劳动者的种种艰辛与不易。设置主题为"一粒米的重量"，可以用象征的方法表现出一粒米虽小，但是一个班每位同学一粒米、一个国家每人一粒米，重量就不一样了。从一粒米的重量象征节约的重量，到国家的重量，这样的主题穿透性强，很能引发学生去深入思考。

再比如，我们在歌颂父爱的主题班会中，将主题确定为"山无言，爱有声"，用比喻的方法形象直观地让学生感受到父亲像山一样的胸怀，像山一样的默默付出，像山一样的深沉的爱，对学生情感的代入感就会加强；如果确定为"感恩深深的父爱"，就没有了上边的效果。

再如，低年级心理健康教育，如果将题目确定为"舒缓情绪，快乐成长"，估计没有几个小朋友愿意学习本节课。因为这已经远远地脱离了他们的认知，但是如果将题目改为"身体红绿灯"的时候，就会引发他们自发思考：红绿灯？身体还需要红绿灯？这样整节课从开始就进入了孩子们向往的节奏。

"挫而不折，破茧成蝶"引发学生去思考挫折之后的不放弃；"和小蜗牛告别"让学生去探讨拖拉的后果，产生主动行动的意识；"60年？1年"引领孩子们去感悟和父母在一起的时间到底是60年还是只有一年？虽然残酷，但却告知了他们陪伴的意义。"'粽'情端午"中蕴含的是以粽子文化为切入口的对传统文化的热爱。比喻象征式主题确定的关键是将学生不太容易接受的新名词、新思想，转化为符合他们认知的、联系他们生活实际的可被接受的内容，引发他们主动积极参与，引领他们去不断自我成长。比喻象征式主题的确定拉近了与学生之间的距离，增加了他们参与班会的兴趣和积极性。

（三）互动融合式

主题的确定还要和班级的学生产生一定的心理互动，能够引发他们的自主思考、自主参与，让他们在师生的互动融合中产生心灵同频共振。

比如，开展以集体主义为主题的班会，我们可以以"我，我们，最好的我们"为主题开展，学生在读到这个题目的时候，自然而然地要在心里问自己：我、我们和最好的我们的区别是什么？自然而然地将重点放在了融入团队中去。而直接以"集体主义教育"为主题则太过呆板，无法唤醒学生的认知。

再比如，开展生涯规划教育，通常的班会主题设置为"开展生涯规划，引领美好未来"，这样的主题明显缺少互动性，不易引发学生共鸣。如果改成"做自己的人生导演""'职'引十年后的自己"等，就能很好地引发学生的自我思考。

再如，开展心理健康教育，"守护心理健康，逐梦健康成长"就没有"寻找愤怒的出口""打倒情绪小怪兽"更为具体和触发心头的自我认同。

"我从哪里来""我和春天撞了满怀"……互动融合式将主题选择的主动性给了学生，让他们愿意融入其中，让他们乐意参与其中用心体验。

（四）目标指向式

主题设定时直接将班会的目标呈现在标题上，让学生清晰地知道本节课自己需要达到的目标。通常我们是将目标进行高度提炼之后，产生的"口号或警句"，既能反映活动的实质，又能调动学生参与活动的积极性。如"少年工匠心向党""爱国三问，青年三答""防疫创新，我们行""挫折，影响不了我们""给班集体插上腾飞的翅膀"等。对于青少年来说，这些富有哲理、富有青春气息的主题，可以令他们激动不已，积极参与，并留下深刻印象。

班会主题的选择应根据学生的实际情况和需求，既要有教育性、针对性、时代性、互动性、全面性、实践性、文化性和综合性，又要有新颖性和创造性，这样才能真正发挥班会在学生教育工作中的作用。

第三节　背景定位——立足需求写背景

很多教师在设计主题班会的时候，不太重视对于班会背景内容的撰写，这是不对的。要想使班会活动发挥其应有的功能，一个清晰明确的班会背景是必不可少的。

班会背景有助于提高班会的针对性和实效性。一个明确的班会背景可以为班会提供明确的目标和方向，使班会活动有的放矢，避免盲目性和随意性。例如，如果一次班会的主题是"如何提高学习效率"，那么班会的背景就应该包括当前学生的学习状况、存在的问题等，这样才能使班会活动更有针对性，更能达到预期的效果。

班会背景有助于提高学生的参与度和积极性。一个清晰的班会背景可以让学生明确自己在班会中的角色和任务，从而更愿意积极参与到班会活动中来。例如，如果一次班会的主题是"如何做一名优秀的班级委员"，那么班会的背景就应该包括班级委员在成为优秀班级委员的过程中可能遇到的困难和挑战等，这样学生就能更好地理解和接受这个主题，更愿意积极参与到班会活动中来。

班会背景有助于提高班会的创新性。一个明确的班会背景可以为班会提供丰富的素材和思考角度，使班会活动更具创新性。例如，如果一次班会的主题是"如何应对未来的社会变革"，那么班会的背景就应该包括当前的社会发展状况、未来可能出现的变化，以及学生应对这些变化的困难等，这样班会活动就能从多个角度进行探讨，更具创新性。

总的来说，班会背景的重要性不言而喻，重视班会背景的设定，更能提升主题班会在班会中发挥出的作用。那么如何来撰写背景呢?

一、立足三观写背景

1. 班会背景的撰写要紧扣时代需求（宏观背景）

要贴合当前时代的需求，符合当前时代对于学生健康发展的要求，反映时代主旋律。

比如，党的十八大以来，国家先后出台了《完善中华优秀传统文化教育指导纲要》《关于培育和践行社会主义核心价值观进一步加强中小学德育工作的意见》《关于在各级各类学校推动培育和践行社会主义核心价值观长效机制建设的意见》《关于加强中小学劳动教育的意见》《中小学心理健康教育指导纲要（2012年修订）》《中小学生守则（2015年修订）》《关于加强家庭教育工作的指导意见》《关于教育系统深入开展爱国主义教育的实施意见》等一系列文件。2017年，教育部印发《中小学德育工作指南》，中小学德育工作有了新抓手。

2021年，中共中央办公厅、国务院办公厅印发《关于进一步减轻义务教育阶段学生作业负担和校外培训负担的意见》，提出减轻学生作业负担和校外培训负担的总体要求和政策措施，旨在促进学生全面发展、健康成长。

2022年，中共中央办公厅、国务院办公厅印发《关于深化教育教学改革提高育人质量的意见》，提出深化教育教学改革、提高育人质量的指导思想、基本原则和主要任务，旨在培养德智体美劳全面发展的社会主义建设者和接班人。教育部等八部门印发《关于进一步减轻义务教育阶段学生作业负担和校外培训负担的意见》，提出减轻学生作业负担和校外培训负担的总体要求和政策措施，旨在促进学生全面发展、健康成长。

这些核心文件对于中小学生核心素养的提升起着重要的指导作用，同时也为我们育人指明了方向和宏观上的要求。主题班会背景的撰写考虑了这些，才能正确地思考教育的方向及路径，实现学生的全面发展。

2. 班会背景的撰写要贴近成长需求（中观背景）

贴近成长需求强调教育应该适应学生的个体差异和不同的发展阶段，提供多样化的学习资源和环境，以满足学生不同的兴趣、能力和发展目标。贴近成长需求，教育者应该注重学生的情感、社交和自我发展，提供多元化的课程和活动，如艺术、体育、科技、社会实践等，以激发学生的兴趣和潜力。同时，教育者还应该关注学生的心理健康和人际关系，提供适当的支持和指导，帮助他们应对生活中的挑战和困难。

如今，学生的需求已经从单一的学业转向了多方面的发展，而且每一个年级是不一样的。主题班会的设计要充分贴近学生不断成长的需求。

不同年龄段德育发展的相关理论

皮亚杰道德发展的四个阶段：

前道德阶段（2~5岁）：在这个阶段，规则不具有约束力。儿童还没有完全理解规则和道德的含义，他们可能只会根据周围环境做出反应，而不会考虑道德或规则。

权威阶段（5~8岁）：这个阶段，儿童开始理解规则和道德，并将其视为绝对的、不可改变的。他们倾向于接受权威的意见，并将其视为无条件的道德标准。在这个阶段，儿童认为惩罚和服从是唯一解决道德问题的方式。

可逆性阶段（9~11岁）：在这个阶段，儿童开始理解道德的相对性。他们开始意识到，规则是可以协商和改变的，而且他们开始从他人的角度看待问题。在这个阶段，儿童更倾向于以平等和公正为基础来解决道德问题。

公平阶段（11岁以后）：在这个阶段，儿童开始以公正和平等为基础来解决道德问题。他们开始理解到，每个人都应该受到平等和公正的对待，而不是仅仅因为他们的身份或地位而受到不同的待遇。

维果斯基的"最近发展区"理论认为：学生的发展主要存在两个水平，一个是学生现有的发展水平，一个是经过别人帮助可以达到的水平。这两个水平之间的区域被称为"最近发展区"。

布卢姆的"掌握学习"理论认为：每个学生的学习能力不同，但是只要教学得法，每个学生在其原有的基础上都可得到发展。布卢姆认为，如果教师知道一个学生能做什么，就可以采用多种方法去鼓励学生努力学习，以达到这个水平。

心理发展的阶段性理论：费尔德曼和托尔曼的研究发现，心理发展的阶段性是不可避免的。不同的年级表现出不同的阶段性特征。

成熟势力说：这是由美国心理学家格赛尔提出来的。他认为，成熟势力是儿童发展的主要动力。这些理论分别从不同的角度阐述了学生在不同年龄段的道德发展过程和特点。这些理论都是非常有价值的，可以帮助教育者更好地理解和引导学生进行道德教育。

这些理论学说科学地为我们指明了各个年龄段孩子的特点，有利于我们结合特点设置适合他们成长需求的活动，并形成教育序列，更科学地进行德育教育。

3. 班会背景的撰写要满足班级需求（微观背景）

教育者应该根据班级学生的特点和需求，制订或设计适合班级发展的教育计划和活动，以满足班级成员的共同目标和价值观。要结合班级随时出现的新问题采取新的策略、方法，来促进班级向更好的方向发展。

常见的班级问题

缺乏班级凝聚力和归属感：班级成员缺乏对班级的认同感和参与班级活动的积极性，导致班级缺乏凝聚力和归属感。

学习成绩分化严重：班级成员学习成绩参差不齐，导致班级学习氛围下降，影响班级整体成绩的提升。

班级纪律涣散：班级成员缺乏自律和自我管理能力，导致班级纪律涣散，影响正常的教学秩序。

班级文化缺失：班级成员缺乏对班级文化的认识和认同，导致班级缺乏文化氛围和凝聚力。

班级成员缺乏社交技能：班级成员缺乏社交技能，导致班级成员之间缺乏沟通和交流，影响班级氛围和成员的成长。

班级成员个性差异大：班级成员个性差异大，导致班级成员之间难以相互理解和包容，影响班级氛围和成员的成长。

班级成员心理健康问题：班级成员可能存在心理健康问题，如焦虑、抑郁等，这些问题可能会影响班级氛围和成员的成长。

以上是班级容易出现的问题，针对这些问题，班主任可以采取相应的管理措施，如加强班级文化建设、组织班级活动、关注学生心理健康等，以促进班级的和谐发展。

班会课设计与实施的一个重要目的就是满足于班级成长的需求，只有更好地关注班级中出现的真实问题，我们的主题班会才会有效实用，如果班主任想当然地设计一些主题去引导学生认知感悟，对于整个班级的发展来讲起不了太大的作用。

所以我们的主题班会在撰写的时候要充分考虑三个方面的需求，站在宏观（新时代要求）、中观（这个年龄孩子的特点）、微观（我们班存在的问题）三个层面来进行撰写，让班会开设更有时效性。

背景1："向'躺平'say no"主题班会

【班会背景】

（1）"躺平文化"源自网络，最初是一些年轻人在面对生活压力、工作压力等问题时，选择采取"不再过度努力，顺其自然"的态度，以此来缓解自己的生活压力。目前正在逐渐向学生群体蔓延，致使一些学生理想目标和价值观念受到重要影响。

（2）六年级学生处于从童年期向青春期的过渡时期，学生的自主意识日益强烈，并渐渐形成了看待事物的标准，初步形成了对人生和世界的基本看法，需要进行正确引导。

（3）近期，班级学生遇到学业上的困难，总想着逃避，对班级活动提不起兴趣，各种激励措施都无法激起学生的"斗志"。

这一背景撰写的三个层面非常清晰，从宏观背景——新时代新问题，中观背景——学生的年龄特点，再到微观背景——我班学生受这样思潮的影响，三项背景交代得非常清晰，指向性很强，有利于体验深度的加强。

背景2："不一样的我"主题班会

【班会背景】

三年级学生的自我意识可能已经开始发展，他们开始意识到自己是一个独立的个体，有自己的想法、感受和行为。他们可能会开始关注自己的外表、行为和表现，并试图通过自己的表现来获得他人的认可和赞赏。班级现在有很多同学上课不敢发言，平时表现不够自信……针对这些情况，我认为有必要培养他们自信的优秀品质，使他们更好地融入学习及日常生活中。

这一背景的撰写就显得不是那么严谨，不够规范，整个背景里只写了微观背景——班级出现的情况和自己的一些想法，缺少宏观背景，不利于在整体班会课开设的时候将主题升华；缺少中观背景，不利于整体把握学生的年龄特点，更有效地设计教学活动。我们可以将之修改为：①自信，这是一个非常重要的品质，它不仅仅是对个人的价值和意义的肯定，更是对一个民族的尊严和力量的体现。中华民族拥有五千多年的悠久历史和灿烂文化，文化自信在人类文明史上独树一帜；②三年级学生的自我意识已经开始发展，他们开始意识到自己是一个独立的个体，有自己的想法、感受和行为。他们会开始关注自己的外表、行为和表现，并试图通过自己的表现来获得他人的认可和赞赏；③班级现在有很多同学上课不敢发言，平时表现不够自信。

背景3："珍惜时间赢在当下"主题班会

【活动背景】

"一寸光阴一寸金，寸金难买寸光阴。"只有珍惜时间才能学到更多的知识，扩展视野，创造自己的价值。

班级部分孩子没有时间观念，具体表现在：作业拖拉、课堂不抓紧上课、只知道贪玩……他们不能快速地适应新阶段的学习任务，因此设计了这次主题班会。

这一背景撰写中，教师只关注到了宏观和微观的背景，缺少对于学生年龄段特点的具体分析，不利于教师结合学生的特点设置适合他们年龄特点的活动。可以修改为：①珍惜时间是中华民族一个永久流行的信念，古代很多先贤圣人都是珍惜时间的表率。②四年级学生的时间观念相对较弱，他们可能不太清楚时间的紧迫性和重要性，因此在时间管理方面可能会显得不够严谨，通常需要家长或教师的监督和指导，他们可能会依赖他人来帮助他们安排和规划时间；③我们班的孩子最近总是出现班级部分孩子没有时间观念，具体表现在：作业拖拉、课堂不抓紧上课、只知道贪玩……他们不能快速地适应新阶段的学习任务。基于此，需要召开这次主题班会。

二、指向一致写背景

宏观背景、中观背景、微观背景的撰写要做到指向一致，不能东一榔头西一棒槌，指向多个主题，让班会的背景分析显得杂乱，整个教学活动设计无法进行。

背景4："你孝起来真好看"主题班会

【活动背景】

孝敬父母是中华民族的传统美德。自古以来，中国人就提倡孝老爱亲，倡导老吾老以及人之老。

当下六年级的学生，正处于成长的叛逆期，长期娇生惯养，个性鲜明，认为父母为自己所做一切都是应该的，对亲情较为麻木。

我们班有一部分是留守儿童，父母长期务工在外，缺少陪伴。所以他们以自我为中心，有时甚至对父母不太礼貌，经常对父母大呼小叫，无故发脾气，丝毫不顾及家长的感受。

这一背景撰写中，从宏观背景强调的是要孝顺父母；中观背景体现的是六年级孩子不懂得亲情，不懂得孝顺父母；微观背景指出了班级学生中出现的不懂得感恩、不会孝顺父母的情况，三观背景撰写指向一致，都是围绕"孝"来展开的，这便是一致性原则。

背景5："生命因挫折而美好"主题班会

【班会背景】

挫折是人生的必修课，遭遇挫折是人生必经的坎儿。心理学家马斯洛说："挫折对孩子来说未必是件坏事，关键在于他对待挫折的态度。"与其一辈子替孩子遮风挡雨，不如让孩子自己去面对人生中的风雨。

五年级的学生，身心发展正处于半幼稚半成熟的阶段，主观意识增强，比较容易情绪化，容易乱发脾气，耍小性子。

近期，我们班有些孩子不懂得和同学融洽相处，常常因为交友失败而灰心丧气，情绪低落。

（张晓燕）

这一背景的撰写中，宏观背景的主题指向挫折，中观背景的主题指向情绪化，微观背景的主题指向融洽相处，三观主题完全不一致，在对学情的把握和目标的确定上不太明确。可以修改为：①心理学家马斯洛说："挫折对孩子来说未必是件坏事，关键在于他对待挫折的态度。"与其一辈子替孩子遮风挡雨,不如让孩子自己去面对人生中的风雨。②五年级的学生,在面对挫折时逐渐变得更为成熟和理性,他们的心理承受能力逐渐增强,但经常呈现出不稳定的状态,他们可能会表现出消极的情绪反应,如哭泣、逃避等;③近期,我们班因为考试成绩落后于其他班级,同学们意志消沉。为此,专门召开一场以"战胜挫折"为主题的班会。

三、紧扣主题写背景

在撰写班会背景时,需要从实际出发,结合班级情况和需要,突出重点和亮点,明确目的和意义,并使用简洁明了的语言。只有紧扣主题,不偏题,才能使班会更加具有针对性和实效性。

背景6: "挫折的礼物"主题班会

【活动背景】

小学六年级学生正处于由儿童期向青春期过渡的关键时期,这是一个人生中非常重要的阶段。在这个阶段,孩子们的身体、心理、理解能力、抽象思维都在经历着巨大的变化,他们需要面对许多新的挑战和适应新的环境。面对即将到来的小升初,学生可能会感到压力和焦虑。学生无法适应新的变化,便容易产生挫折感。

引导六年级学生理解挫折对成长的积极意义,增强学生应对挫折的信心和勇气,将有利于提升学生应对挫折的能力,以更积极和勇敢的姿态迎接未来的变化。

这一撰写中,除了缺乏宏观背景和微观背景外,更重要的是在中观背景的叙述中,牵扯到了"青春期""抽象思维""理解能力""小初衔接""适应环境""面对挫折""担心焦虑"等主题,面对如此杂乱的背景分析,有很多是没有紧扣主题的,这节课的目标确定一定会出现问题。可以修改为:①罗曼·罗兰说,"挫折和磨难往往是人生成功的垫脚石。"挫折对人的成长具有积极的意义。②六年级学生在面对挫折时逐渐变得更为成熟和理性,他们能够更好地控制自己的情绪,采取积极的应对方式,但有时可能会产生焦虑、忧郁等负面情绪,需要时间来调整。③由于即将面临毕业考试,许多学生因为自己的学习成绩并不理想,从而产生了想要放弃的念头。基于此,准备召开以"战胜挫折"为主题的班会。

背景7："'我'想更懂你"主题班会

【班会背景】

不久前，教育部等十七部门联合印发《全面加强和改进新时代学生心理健康工作专项行动计划（2023—2025年）》，明确"五育并举促进心理健康"。心理健康问题逐步成为世界各国普遍面临的社会性难题，并呈现"低龄化"发展趋势。

小学生正处在身心发展的重要时期，随着生理、心理的发育和发展，他们在学习、自我意识、情绪调适、人际交往和升学就业等方面，会遇到各种各样的心理困扰。因此开展心理健康教育，是学生身心健康成长的需要，是全面推进素质教育的必然要求。

我们班的一些学生自主意识增强，出现了排斥老师、家长的管理，敌对情绪严重的情况。所以我针对这一心理现象设计了循序渐进的活动，让学生与家长一起通过丰富的活动体验，敞开心扉，让心灵对话，从心出发，共育花开。

（张 茜）

这一背景在撰写上和主题明显不搭，主题是"'我'想更懂你"，应该是一节关于理解的主题班会。但从宏观、中观和微观的背景设置上来看，宏观背景全部指向了心理健康低龄化的问题。这和本次班会的主题"理解"好像有关联，又好像毫无关联。当背景和班会主题完全脱离的时候，我们会发现班主任在进行主题教育的时候，整个思路其实是混乱的，他不太容易设计出高质量的体验活动引发学生进行深入的思考与实践体验。可以修改为：①心理健康问题逐步成为世界各国普遍面临的社会性难题，并呈现"低龄化"发展趋势；②二年级小朋友开始进入自我意识发展的阶段，他们开始关注自己的情感和想法，表现出独立的个性和意愿，对于家长的干预和指导容易产生抵触和反抗情绪；③我们班的一些学生出现了排斥老师、家长的管理，敌对情绪严重的情况。为此我决定召开一次"'我'想更懂你"的主题班会。

班会的背景是多元化的，既受到宏观的教育政策和理念的影响，也受到中观的学校管理和学生年龄特点的影响，同时还受到微观的学生需求和期望的影响。因此，我们在开展班会时，既要注重把握宏观和中观的大背景，也要关注微观的小细节，以此来提高班会的有效性和针对性。

第四节　目标定位——依据学情定目标

要使主题班会达到预期的效果，就要明确其目标。明确的主题班会目标有助于提高活动的针对性和效率。在确定目标时，所有的设定都指向于班级所有学生的实际学情和真实需求，脱离了这些，目标设定就失去了意义。

一、目标设定要有三个维度

在进行目标设定时要遵循学生认知的三个维度：第一个维度是认识维度，即初步感悟，明白懂得了什么；第二个维度是情感维度，即通过活动，深层体验，产生情感共鸣，感悟到了什么；第三个维度是行动维度，即通过自身实践、参与，由道德意志转化为道德行为，主动践行了什么？三个维度目标不是三种目标，更不是三个目标，三个维度目标之间是相互依存和支持的关系，彼此渗透，相互融合，三者有机地统一于学生的整个成长与发展过程之中。

"逆风飞翔，直面挫折"主题班会

【活动目标】

（1）通过视频、图片展示，让学生明白人生免不了要经历挫折，挫折能磨炼人，挫折孕育着成功。

（2）通过吹气球、"囚徒困境"等游戏，让学生感悟挫折有时也可以成为自己向上攀登的重要契机，掌握正确应对挫折的方法。

（3）通过撰写挫折应对清单、励志故事演讲等，树立抗挫能力，并积极行动，在挫折中提升自信。

这一主题班会的目标，可以很清楚地看到三个维度：认知维度，认识挫折；情感维度，感悟挫折；行动维度，直面挫折。三个维度相互融合，目标明确，指向学生的健康发展。

"你因梦想而美丽"主题班会

【活动目标】

（1）通过看视频、讨论交流、观看情景剧等活动，明白梦想是人前进的动力，有梦想，才能取得成功。

（2）通过互动活动，理解实现梦想需要坚持，需要努力，需要积极探索。

（3）通过制订梦想清单等，让学生感受梦想的重要性，树立符合实际的、具体可行的梦想。

这一目标的制订上，认知目标是可以的，引导所有学生认识梦想的价值。第二个目标的描述呈现了情感的层面，如果可以将本节课的活动加上就更好了。可以改为"通过游戏互动、邀请嘉宾、走进社区，理解实现梦想需要坚持，需要努力，需要积极探索"。第三个目标的设定应该写践行什么，放到这里就显得不够明确，应该放在情感层面。所以第三个目标可以改为"通过听寄语、制订梦想清单等，树立符合实际的、具体可行的梦想并去行动"。这样一改，整个目标就显得更加具体、完善，符合逻辑。

二、目标设定要有具体性

具体性即目标必须是具体的、明确的、清晰的，而不是笼统的、模糊的。具体的目标能够让我们清晰地知道我们需要做什么，以及如何去做。这种明确性可以帮助我们避免在行动中迷失方向，也可以让我们更容易地评估我们的进度和成果。不能出现一次主题班会的目标不统一，或者目标与主题的不契合。

我已亭亭，不忧亦不惧——小学高段责任教育主题班会

【活动目标】

（1）通过看视频、小调查等形式，启迪学生明白具有高度责任感的人才是最美的人，从而理解责任的含义。

（2）开展家校实践、观看视频等活动，学会承担责任的方法，为他人服务，勇于承担责任。

（3）举行讲故事、倡议宣誓等活动，正面引导，使学生懂得责任的意义，

激发学生努力去做一个有责任心的人。

这一目标设定，认知层面是理解责任的含义；情感层面是学习承担责任的方法；行为层面是激发学生去做一个具有责任心的人。三个层面的目标共同围绕"责任"来制定，显得集中、明确、具体，可以实施。

"手机变'守'机"主题班会

【教学目标】

认知目标：通过身边视频等形式，能够认识到不合理使用手机带来的危害。

情感目标：通过现身说法、现场辩论等形式，体验网络带给大家的便利及危害，缓解心理焦虑。

行为目标：通过现场宣誓、制订计划书等形式，增强班级凝聚力，共同改变使用手机的不良习惯，合理使用手机，避免上网成瘾。

这一目标设定，认知层面指向"感受不合理使用手机带来的危害"；情感层面指向"缓解心理焦虑"；行为层面指向"增强班级凝聚力"。三个层面，三个主题，各不相同，目标就显得混乱，不具体，让人无所适从，不利于本节课更有目的地展开。可以改为：①通过身边视频等形式，能够认识到不合理使用手机带来的危害；②通过现身说法、现场辩论等形式，体验网络带给大家的便利及危害，学习正确使用手机的方法；③通过现场宣誓、制订计划书等形式，共同改变使用手机的不良习惯，合理使用手机，避免上网成瘾。

此外，目标要根据不同年龄段的学生特点来具体设定，不同年龄段在面对同一主题的时候，目标是有所区别的。

诚信在九个年级的不同培养目标

小学一年级：培养诚实习惯。通过生动有趣的故事，引导学生理解诚实的重要性，鼓励他们在日常生活和学习中做到言行一致，不说假话，不欺骗他人。

小学二年级：理解和遵守规则。通过案例分析，让学生明白遵守规则的重要性，同时也要他们学会在面对诱惑时坚守诚信。

小学三年级：尊重他人的权益。通过现场说法等形式，引导学生尊重他人的财物，不随意取用，同时，也要尊重他人的隐私，不随意传播他人的信息。

小学四年级：学会守信。组织一些需要团队合作的活动，让学生在实践中体验到诚实守信的重要性。

小学五年级：建立良好的人际关系。通过团队活动、实践研学等形式，引导学生在与人交往中，做到诚实待人，不欺骗他人，以此来建立和维护良好的人际关系。

小学六年级：理解和接受社会的责任。通过参与社会实践活动等，引导学生理解并接受自己的社会责任，让他们明白，作为一个公民，诚实守信是最基本的责任和义务。

初中一年级：培养自我约束力。通过系列主题学习活动，引导学生自我约束，做到言行一致，不轻易许诺，但一旦许诺就要坚守诚信。

初中二年级：践行诚信。通过讲解和讨论，让学生明白诚信不仅仅是说真话，更是一种对自己和他人的尊重和负责。

初中三年级：培养社会责任感和公民道德。通过案例分析、讲座等方式，进一步深化学生的诚信教育，培养他们的社会责任感和公民道德。

总的来说，诚信教育在九个年级的目标设计应该是连贯的、系统的，旨在从小事做起、从基础做起，逐步培养学生的诚信意识，形成良好的诚信习惯，为他们的成长和社会的发展打下坚实的基础。

三、目标设定要可达成，能衡量

可达成，能衡量，即目标必须依据学情，是可实现的，不能过高或过低，也不能过于复杂或简单。如果一个目标过于理想化，超出了学生的实际能力范围，那么这个目标就无法实现。我们需要确保班会的目标与学生的能力和资源相匹配，可以达成的目标是可以衡量的。

（1）目标过大。环保主题的班会中，班会目标中有一条，"行动起来，让全班同学都能参与到环保行动中来"。然而，这个目标过于庞大，几乎不可能在短时间内实现。因此，这个班会最终变成了一场形式主义的活动，没有达到预期的效果。

（2）目标过高。在心理健康主题的班会中，班会目标是"掌握自我调节情绪的技巧"。然而，这个目标涵盖了很多专业知识，对于小学生来说，难度过高，达不到预期的效果。

（3）目标过于理想化。团队合作主题的班会中，"融进团队，所有同学都成为优秀的共青团员"这个目标过于理想化,实际上很难在短时间内实现,没有达到预期的效果。

(4)目标过抽象。"能掌握高效的学习方法",这个目标过于抽象,没有具体的操作步骤,使得学生无法明确如何实现。因此,这个班会最终变成了一场空洞的讲座。

(5)目标过于长远。人生规划主题的班会中,让全班同学"都能制订出自己的人生规划并认真按计划执行"这个目标过于长远,对于初中生来说,他们还没有能力去考虑这么长远的事情,班会课将无法进行。

(6)目标过小。时间管理主题班会,把目标设定为:让学生了解时间管理的重要性。这样的班会目标过于小,无法让学生深入理解,也无法让他们学会如何有效地管理自己的时间。

以上六个案例,我们可以看到,班会目标设计主要存在:目标过于庞大或抽象,使学生无法明确如何实现;目标过于长远,超出了学生的能力范围;目标过小,无法引导孩子深入理解的问题。因此,我们在设计班会目标时,应该充分考虑学生的实际情况,设定切实可行的目标,达到可以通过具体的工具进行衡量,以此来提高班会的效果。

某六年级班主任围绕新时期对于成才的时代理解和层次需求,紧扣班级特点把班会的培养目标着重放在了"4C"能力的培养上,即:Critical Thinking and Problem Solving(解决问题的能力)、Communication(沟通能力)、Creativity and Innovation(创造与创新力)、Collaboration(团队合作力),并逐一进行分解,提出了学生、家长的发展目标体系,通过一年32节班会课来帮助学生逐步实现预定的目标(表3-4-1)。

表3-4-1

维度	学生发展目标	家长发展目标
解决问题能力	做事有计划(会计划)	能制定契约
	观察有方向(会观察)	能关注长远
	思考有系统(会思考)	能系统思考
	执行有策略(会执行)	能教子有方
沟通能力	倾听有技巧(会倾听)	能善于倾听
	表达有条理(会表达)	能平等交流

续 表

维度	学生发展目标	家长发展目标
沟通能力	表现有涵养（会表现）	能不急不躁
	协调有思路（会协调）	能掌握技巧
创造创新能力	质疑有深度（会质疑）	能反思成败
	想象有童趣（会想象）	能接纳改变
	动手有技能（会动手）	能不断学习
	创新有特点（会创新）	能更新观念
团队合作能力	团队有信任（会信任）	能信任理解
	行动有素养（会行动）	能宽容包容
	合作有凝聚（会合作）	能欣赏接纳
	反思有整体（会反思）	能陪伴共赢

这样的班会目标有层次、有梯度、具体、可达成，教师将每一个目标细化、优化，变成了可以操作的三级目标，这样整个班会课的目标体系就显得适中、适需、适情，可以衡量。

四、目标设定要有相关性

相关性即目标必须与班级管理的总体目标相关，与班级学生的实际情况相关，与体验活动相关联。

1. 与班级管理的总目标相关

比如，我们班级的总目标放在了"4C"能力的培养上。那么我们围绕其中一个子目标的设定时，不要偏离了班级的总目标。

"小协调，大沟通"主题班会

【活动目标】

认知目标：明确协调的重要性。（通过案例分析，让学生明白协调能提高效率、减少冲突、提升沟通的效果。）

情感目标：学习协调的技巧。（通过互动游戏和角色扮演，分析学生在团队中可能遇到的协调难题，让学生掌握有效的协调沟通技巧。）

行为目标：运用协调技巧进行团队沟通。（通过实践活动，让学生在具体任务中运用协调技巧，提升团队合作的沟通能力。）

在三级目标的确定和实施中，认知目标可以通过讲座、小组讨论和个人分享的形式来实现。请一位有经验的讲师或教师来引导学生思考协调的重要性，鼓励他们在生活和学习中积极运用协调技巧进行沟通；情感目标可以通过角色扮演、互动游戏和案例分析来实现。例如，可以设计一个情景剧，让学生在表演中学会协调解决问题。也可以组织一场辩论赛，让学生在激烈的讨论中学会倾听和尊重他人的观点，提升协调沟通的能力。行为目标可以通过团队活动、小组讨论和实践任务来实现。例如，可以组织一场团队接力比赛，让学生在比赛中学会团队合作和协调沟通。或者安排一些需要团队合作和协调的任务，让学生在实践中不断提升自己的能力。

总之，在整个主题班会的过程中，教师将一节班会课的目标放置在了大的班级培养目标之中，这样可以更好地形成大概念、大主题、大单元，以大任务、大情境引领大成长。

2. 与学生的实际情况相关

在同一年级的不同阶段，学情是不同的；在不同年龄阶段，学情也是不同的。所以与学生的实际情况关联是非常重要的一条原则。

比如，马斯洛的需求层次理论包括五个层次：生理需求、安全需求、归属需求、尊重和爱的需求和自我实现需求。在班级发展的不同层次，我们可以设计基于不同发展目标的主题班会课，满足学生在不同层次的需求（图3-4-1）。

图3-4-1

初级阶段，我们可以召开两类主题班会。第一类，可以基于"生理需求"类目标召开主题班会，我们可以邀请家长和任课教师共同参与，组织一些与健康饮食和生活习惯相关的活动，如健康讲座、烹饪展示等，家校协同，共同保障孩子在饮食、睡眠等方面的需求，引领他们健康成长。第二类，可以基于"安全需求"类目标召开主题班会，消除孩子对于班级的恐惧，与教师建立信任感。通过第一次班会中的"第一封书信"，运用"特别介绍""赠送礼物""温馨提示""满怀期待"与孩子们进行心灵沟通；"第一次排座位"，运用"尊重学生""有利学习""小组固定""每周轮换"四大原则，让孩子们感受到教师像阳光般温暖、公平；第一次诵读诗歌，用诗的温情唤醒孩子的信任之心；"第一次文化设置"，定环境布置，定班名班呼，定班级公约，定岗位竞聘……让孩子们感受到班级的温暖。

中级阶段，我们可以基于"尊重与爱"类目标召开系列主题班会。在主题班会中，教师可以组织一些团队建设活动，如小组讨论、角色扮演等，以促进学生之间的交流和合作。可以开展系列活动类主题班会，比如，每个月的集体生日，每次离别的"暖心故事""精彩回放""互相感谢"等，让学生铭记班级的幸福时光，找到归属之心。

高级阶段，我们可以基于"自我实现需求"类目标召开主题班会，引导学生设定自己的目标，鼓励他们追求自己的兴趣和激情，以实现自我价值。开设系列成长类、活动类主题班会，"最美朗读者""新闻播报员""诗词小达人"……每个节日的德育活动，每个月底的智力活动，每周的体育比赛……都可以成为召开主题班会的途径，都能成为实现学生自我价值需求的场域。

总的来说，马斯洛的需求层次理论为教师提供了一个理解和激励学生的框架。通过在主题班会中运用这一理论，教师不仅可以满足学生的生理和安全需求，提高他们的社交能力，增强他们的自尊心，还可以激发他们的自我实现欲望。这样，我们就可以更有效地引导学生参与班级活动，提高他们的学习动力和参与度。

此外，还与学生的年龄特点相关联，前边已经阐述，这里不再赘述。

3. 与体验活动相关联

即我们要将活动体验的形式融于目标之中，让体验活动更有效地服务于目标实施。一般的模式是："通过……活动，认识了……""通过……活动，体验到了……" "通过……活动，践行了……"；也可以不用写"通过"两字，即"……活动，认识了……" "……活动，体验到了……" "……活动，践行了……"。

"你陪我长大，我陪你变老"主题班会

【活动目标1】

（1）通过观看幸福视频和谈幸福时刻活动，懂得父母带给我们的关心与爱；

（2）通过参与"老之初体验"等系列体验，感受父母变老后的不易与培育我们的艰辛；

（3）通过开展"我为父母献孝心"活动，践行孝顺父母、感恩父母的优秀品行。

【活动目标2】

（1）观看幸福视频和谈幸福时刻活动，懂得父母带给我们的关心与爱；

（2）参与"老之初体验"等系列体验，感受父母变老后的不易与培育我们的艰辛；

（3）开展"我为父母献孝心"活动，践行孝顺父母、感恩父母的优秀品行。

这两种撰写的方式都是可以的，只要目标的撰写符合我们上边提倡的原则，符合学生认知的规律，就足够规范。但是我们也强调并不一定就要运用上边的固定语言，比如"懂得"可以置换很多词语，"践行"也有多种表达方式，灵活运用，生硬套用只适用于初学者。

案例：学情定，目标定；目标定，体验定

学习雷锋精神，争做至美少年

【活动背景】

今年是毛泽东等老一辈革命家为雷锋同志题词60周年。60年来，学雷锋活动在全国持续深入开展，2014年习近平总书记在给"郭明义爱心团队"的回信

中指出，雷锋精神，人人可学；奉献爱心，处处可为。雷锋精神滋养着一代代中华儿女的心灵。

　　根据《教育系统关于新时代学习弘扬雷锋精神深入开展学雷锋活动的实施方案》，明确指出要深入推动学雷锋教育活动，在"知"上下实功，全面系统融入雷锋精神；在"信"上出实招，矢志不渝传承雷锋精神；在"行"上求实效，力行不辍践行雷锋精神。

　　为了更好地践行素质教育要求，促进学生的全面发展，解决班内一部分学生别人有困难不去帮忙，事不关己高高挂起，缺乏对人对事乐于奉献的问题，特此召开"学习雷锋精神，争做至美少年"主题班会。

【活动目标】

　　（1）通过看雷锋事迹微视频、读雷锋日记等活动，了解雷锋的生平事迹，了解雷锋精神。

　　（2）通过演小品、讲故事、听报告、诵诗歌等活动，发现身边的雷锋，体验雷锋的乐于助人和无私奉献精神，产生向雷锋学习的意愿。

　　（3）通过做采访，立志向、齐宣誓等活动，践行雷锋精神，立志行动起来，做雷锋式少年。

【班会准备】

　　（1）参观雷锋实践基地。

　　（2）自主收集有关雷锋的资料（图片、书籍、故事等）。

　　（3）搜集现代雷锋和身边的"活雷锋"事迹材料。

　　（4）排练情景剧《雷锋故事》。

　　（5）学唱《学习雷锋好榜样》并排练舞蹈。

　　（6）邀请了神秘嘉宾，准备在课堂上为孩子们现身说法。

【活动过程】

活动一：看视频，读日记，走近雷锋

　　（1）教师：如果你是一滴水，你是否滋润了一寸土地？如果你是一线阳光，你是否照亮了一分黑暗？如果你是一颗粮食，你是否哺育了有用的生命？……孩子们，这是雷锋在日记中写下的七问，今天就让我们一起走近雷锋（播放视频）。

　　（2）引导小结：通过视频，引导学生更直观地了解雷锋同志的生平，紧接着再开展读简介，读雷锋日记的活动，并让学生结合自己课前参观雷锋纪念馆的见闻谈谈感受，学生便能快速地走近雷锋，初步感受雷锋精神。

活动二：演小品，讲故事，感悟雷锋

（1）教师：刚刚我们观看了关于雷锋的视频，谁能来跟大家分享一些关于雷锋同志生平的故事呢？（故事分享）

【设计意图】

生动讲故事的过程，往往最能引发学生情感共鸣，通过搜集和分享雷锋故事，让学生走进雷锋的世界。

（2）教师：下面有请我们第一小组的同学为我们表演话剧《一次义务劳动》《雨夜送大娘》。

【设计意图】

每一次表演都是引发学生和自我对话的过程，学生在亲身体验中更深刻地感悟到雷锋的乐于助人和无私奉献精神。

活动三：听报告，诵诗歌，寻找雷锋

（1）教师：今天，我们还请到了一位神秘嘉宾——子涵爷爷，请他来给我们分享他生活中的故事。

（2）教师：让我们掌声欢送子涵爷爷，接下来请大家全体起立，一起朗读诗歌，从诗歌中寻找雷锋的足迹。

（3）教师：下面请小组代表分享新时代的雷锋：孟祥斌和"最美女教师"张丽莉舍己救人的事迹；郭明义和烟台龙口最美女孩的故事。（学生在搜集和分享故事中感受到了社会的正能量）

（4）在我们的生活中，其实还有很多"活雷锋"，他们都是我们学习的榜样，你们发现了吗？请结合自己的生活，讲讲身边的雷锋故事。

【设计意图】

各方面的协同参与，丰富的活动形式，会调动学生对德育过程的热情参与。

活动四：做采访，立志向，争做雷锋

（1）舞蹈表演《学习雷锋好榜样》。

（2）教师：通过本节班会课的学习，我们了解了雷锋事迹，真切地感受到了雷锋精神，那么我们应该如何践行和弘扬雷锋精神呢？请中队长带领大家一起宣誓。

【设计意图】

德育不是告知，活动引发思考。班会课绝不是告诉学生必须怎么做，而是引领孩子们通过主动参与活动来体验"自己该怎么做"。

【活动后跟进行为】

走进社会实践，争做至美少年。

实践育人。本活动是班会的延续，让学生在实践中再次感受雷锋的伟大，体验学雷锋的快乐，并通过评选雷锋式至美少年，激励孩子们认真付诸行动，将雷锋精神发扬光大。

班主任总结：学雷锋，做好事，创建文明社会和美丽校园不是一朝一夕的事，这是一个长期的习惯。我们要让"学雷锋"成为我们的本能，成为生活的一种常态。让雷锋精神永驻心间，争做至美少年。

（张茜　王影）

【评析】

这次的主题班会开得很成功，也开得很有创意。关键在于本节课的目标定得适中，定得明确，定得准确，紧密地和时代热点、学生需求及体验活动连接在了一起。"教唱雷锋歌曲，收看微视频《雷锋》，讲述雷锋的故事，寻找身边的雷锋……"活动中，学生积极主动参与。通过活动，同学们懂得了要学雷锋，做好事，达到了预期的目标。班会课后同学们在全班掀起一股学习雷锋精神的热潮。虽然雷锋生活的年代离现在孩子的生活很远了，孩子们还不能真正体会到在那个年代一张火车票的来之不易、一个螺丝钉的宝贵，但是在正确目标的指引下，孩子们却奏响了新时代少年儿童的雷锋之歌。

总之，四项定位各有作用。分类定好位，主题班会才会研有方向；主题定好位，才会于小处与学生需求共鸣，引发更深刻的教育；背景定好位，我们才真正了解我们上这节主题班会的目的是什么，寻找最初的原点，找寻最有效的途径；目标定好位，一节课方向才不会偏，训练、培养的方向才会更加明确，让学生在一节课中收获得更多。四项定位融为一体，互相促进，互相影响，共同为学生的健康成长指明方向。

深度体验型主题班会的 六个程序

　　德育过程应当是对学生品德发展外部施加有效影响的过程，所以深度体验型主题班会应该立足于学生长远发展，不局限于只通过一堂课改变学生的整体认知。我们在这里着重探讨"三环六步深度体验型主题班会"的设计步骤，即如何通过"课前深度准备""课中深度体验""课后实践跟进"三个步骤来设计一节深度体验型主题班会课。

　　此外，学生品德形成的过程为：道德认识的形成、道德情感的培养、道德意志的锻炼和道德行为的训练。基于此，我们把课中学生进行德育体验的步骤分为"知情意行"四个程序，构建三环六步教学模式。三环分别指课前、课中、课后三个大的环节。"六步"指六大程序，依次是：①深度准备（备）；②导入热身（知）；③推进体验（情）；④转换感悟（意）；⑤提升总结（行）；⑥实践跟进（跟）。

第一节　深度准备（备）

很多教师不太重视班会课的课前准备，他们认为课前准备就是为了课堂作假，就是为了哗众取宠，其实这样的想法大可不必。德育过程是受教育者接受教育者和教育环境的影响，发挥主观能动性不断进步的过程。我们的课前准备要做到充分而不过分，充实而不失实，贴切而不空切，充分连接不同时空，让课堂更有效。

一、课前准备要秉承三种理念

我们在设计班会课准备环节的时候，要秉承以下三种理念。

（一）把课前准备作为班会课的一部分

要上好一节优秀的主题班会课，课前准备非常重要。课前准备的过程也是学生进行自主体验的一个重要环节。

感恩主题班会中，教师提前让家长"给孩子写一封信""提前录制一些父母的寄语"，既是对父母提供了一次深度参与的机会，把自己平常不能对孩子说的话通过这样的形式说出来，又是对孩子的深层次教育。当他们听到这样的语言的时候，一定会有深层次的教育。

"和家长沟通""和孩子沟通""和教师沟通"，充分了解孩子的需求，站在需求的层次来设计对学生德育方面的教育会更为深入。

引领孩子到红色实践基地参观，引领孩子参与整体的实践研学活动，在课堂上通过叙述、展示自己参与实践的方式及感悟等，这也是我们所提倡的理想的主题班会形式。

课前准备应该成为整个设计活动的重要组成部分，应该成为我们开展深度体验主题班会首要思考的起点。

（二）把活动准备当作是教育的一部分

活动准备的过程同样是孩子进行自我教育的一个过程。在准备的过程中，他们其实已经参与到整个主题班会的实施中来了。

"反欺凌"教育，学生通过提前搜集网络上的、身边的一些案例，制作相应的小报、宣传页等，在增强认识的同时对于自身也是一个重要的教育。

为了更好体验，教师把"为父母洗一次脚""给父母做一次饭"的实践体验放在了课前，这样的话，学生课前的情感体验将更好地支撑他们对于父母的爱。

"红色英雄故事展""红色小报""参观革命英雄博物馆"，其中的红色思想已经悄悄地融进了孩子们的血液。

孩子课前参与的过程即是体验，孩子课前活动的过程即是教育，我们的主题班会课设计要打破时空的限制，让每一个学生都在不同时空的体验中获得更多的情感共鸣。

（三）切勿过分地准备，课前准备不是告知

课前准备不是让教师把课堂上学生需体悟到的内容一股脑地用标准化的回答方式告知学生，不是把孩子要回答的问题告诉他们，而是让他们提前有一个接触主题的机会，提前得到体验的机会，然后在课堂上通过和大家的情感交流形成更大的共融场域，从而提升自我的道德认知。

在具体的上课过程中，很多教师把整节班会课当成了一个表演的舞台，他们设计了大量的表演类节目，让学生进行展示，整节课看似充满了活力，但是一节课下来学生的提升很少；还有教师在学生课堂生成性的语言上做准备，把学生要回答的语言提前写成小纸条要求学生会背，在课堂上看似精彩的发言却远离了孩子的需求；更有甚者，教师在上课前，要设计学生的动作、表情，比如在某一个环节摸一下头，露出几颗牙齿等，这样的课前准备完全失去了教育的意义，让整节班会课失去了其应有的作用。

当然，也有很多教师认为，我课前并不需要见学生，并不需要对他们进行任何的提前预判。我们在为这样的勇气点赞的同时，也要清醒地认识到，主题班会如果缺少了充分有效的准备，是没有效果的。在主题班会中，心中有学生不代表着教师可以用精妙的设计完全代替学生的深度感悟。不过分的准备仍是必需的。

案例：有效的准备是深度体验的开始

致敬城市的光

【班会背景】

城市里有这么一群人，在平凡的岗位上，用双手创造和守护美好生活。为城市的建设发展默默无闻地奉献着自己的光和热。微光虽小，却散发出不平凡的力量。

交谈中发现，三年级孩子劳动意识淡薄，认为城市中各行各业的劳动付出都是理所当然，缺乏感恩意识，甚至对有些职业有偏见，有不尊重劳动者的行为。为了培养学生的感恩之心，增强学生尊重劳动、崇尚劳动的意识。为此，我设置了以下目标。

【班会目标】

（1）通过观看视频，了解城市里劳动者的职业特征和工作内容，知道他们工作的艰辛与人们生活的关系。

（2）通过课前资料搜集整理，小组讨论，体会城市一线工作者的艰辛，能接纳、尊重他们。

（3）通过体验活动，知恩于心，感恩于行。教育学生做一个懂感恩、有担当的新时代好少年。

【班会准备】

课前准备也是对学生进行德育教育的重要途径。为此，我重点做了以下准备。

学生准备：

（1）职业调查问卷表，警察、医护者、环卫工、消防员的相关照片。

（2）学生手工作品。

教师准备：

（1）制作视频、课件。

（2）板书城市立体图，立体卡通人物。

（3）志愿签名条幅、马克笔。

引导同学们在课前先行经历体验，完成情感带入。

【班会过程】

环节一：美丽城市，慧眼发现光

（1）播放视频，激趣导入。

播放大美内乡宣传片，激发学生家乡美、爱家乡的自豪感。

（2）收集你的光，触摸你的美。

同桌相互讨论一下在自己的身边有哪些优秀的劳动者，他们做了什么事。

总结：城市焕发光彩，是许许多多的平凡人在岗位上的坚守和付出。

环节二：平凡举动，童心追随光

职业大调查展示如下。

（1）小组展示课前"职业大调查"的内容，认识城市中的劳动者，岗位普通却做着不平凡的工作（图4-1-1）。

图4-1-1

总结：城市各行各业劳动者的相关视频，和孩子们一起走进平凡人，了解他们的工作时间、工作环境，以及对我们生活的影响。

（2）小组大讨论：假如城市没有了这道光，会怎么样呢？

总结：平凡的人，却给城市带来了光和热。岗位普通却很重要，不可或缺。

环节三：致敬榜样，未来成为光

（1）爱要大声唱出来

大家齐唱改编的唱说城市劳动者的《孤勇者》。

你说

你爱上了这座城

总记得这转角遇见爱的一瞬间

路面干净　闪耀着光芒　如青春的面庞

路人穿梭　怀揣着坚强　在光影里寻梦

我却看见

看见这橙色的安然和力量

看见这白色的担当和奉献

看见荧光绿的守护与坚守

让我们歌唱　暗夜的守护　黎明的清扫

让我们歌唱　火中的逆行　危难的力量

致敬　城市劳动者

你我身边的一束束光

感恩　城市平凡人

平凡有光　微光有爱

（2）感恩心敬榜样实践活动分享。

分享课前，带领感恩小分队学生走上街头，给环卫工、邮递员、公交司机、快递小哥、医护人员送去一瓶水实践活动。

总结：崇尚劳动、尊重劳动，知恩感恩记心间。

环节四：微光成炬，感恩发散光

（1）话题讨论。

城市建设发展是大人的事，与我们小孩子无关？

（2）郑重签字。

①在"微光成炬照他人"签字仪式上郑重其事地签上自己的名字。

②讨论：如何用实际行动为家乡、为红领巾增光添彩，把感恩报恩落实在

行动中，让胸前红领巾成为城市里那束耀眼的中国红，让自己更优秀。

【活动延伸及总结】

教育源于生活，又回归生活。本节课后，我设计了以下实践活动。

（1）感恩心，滴水情：我做送水工。

（2）我是小小摄影师：发现美，记录美。

（3）我为红领巾添光彩：文明小探长在行动。

（高 飞）

【评析】

本节课高老师因为在外县上课，所以一开始，她就提前准备了关于本县的一个宣传片，拉近了师生之间的距离；紧接着，课前关于警察、医护者、环卫工、消防员等的职业调查问卷表，以及学生制作的手工作品，使学生在课前就充分体会到了各个职业的不易；然后，高老师带领孩子们一起去体验工人、农民、员工等的不同工作场景，让他们在实践体验中感受劳动者的艰辛，感悟平凡亦有光，微光有爱，指引学生在追随光的过程中找到榜样力量，鼓励学生从追逐光到成为光。

有效的、高效的课前准备是上好体验型主题班会的前提，前期的准备，前期的各种活动，用劳动者身上的坚守奉献、责任担当，帮学生系好人生第一粒扣子，最终把感恩内化于心、外显于行。

二、课前准备的四种常用方法

（一）提前沟通法

深度体验型主题班会要提前和三类人——教师、家长、学生进行有效沟通，但这样的沟通局限于我们需要参与怎样的活动，进行怎样的提前体验，以更好地服务于课堂的要求。

对于家长，我们需要和他们沟通孩子的一些基本情况。每个学生都是独一无二的，他们的学习风格、兴趣爱好、个性特点等都可能影响他们的学习和社交。通过与家长的交流，我们可以从更全面的角度了解学生，从而更有针对性地进行教育和辅导。此外，沟通一下家长参与主题班会课的意向和方式，也是我们进行准备的重要项目。

家长即时性的参与有助于课堂上某一环节的更好呈现，引发学生更深的情感共鸣。比如，感恩父母的主题班会，提前和家长沟通进行课堂的视频连线，提前和家长沟通到现场参与一个环节的突然亮相、讲述故事、激情发言等，都会对孩子们的心灵产生极大的震撼。

家长全程性的参与能够满足家长参与式主题班会的要求，引发家长和学生的共同情感体悟。这就需要我们提前和家长沟通好参与的内容和参与的意向，让更多的家长参与活动项目，引导他们和孩子进行真诚的亲子互动与沟通，促进亲子之间问题的解决。

对于任课教师，我们需要和他们沟通学生对于本次实践活动的基础认知和前期调研，充分了解班级的学情，并以此为支点设计系列主题性教育活动。

对于学生，可以进行系列的问卷调查，也可以进行部分的访谈，了解他们的道德发展层次及认知水平，帮助他们确定更为优异的体验方案。

主题班会"一粒米"

【背景分析】

习近平总书记对制止餐饮浪费作出重要指示，要求"厉行节约，反对浪费"。农村教育，营养餐普及，我每天都能发现部分学生非常挑食，有的孩子半碗白米饭丢下不吃，有的孩子把咬一口的白馒头随意丢掉，有的孩子非常挑食，把蔬菜剩下不吃，看到此情此景，觉得非常浪费又心疼。于是，针对这种浪费现象，我在班级开展了"一粒米"的节约粮食主题班会。

【活动准备】

家长准备：拍摄学生一周的剩饭图片；准备老一辈艰苦奋斗的故事报告会。

教师准备：提前下发问卷调查家庭浪费情况；拍摄学校食堂每天的泔水桶和饭店每桌剩下的饭菜；提前和学生的爷爷沟通，参与班会；收集整理家长的参与意向。

在整个主题班会开始前，这位教师进行了深入的准备，从问卷调查到实践体验，从真实视频到真实感悟的呈现，从学生主体的参与到家长的主动融入，整个主题班会的有效体验在准备这一环节就得到了充分的实现。

学生准备：录制自己和父母一起下地劳作的视频；用小报、图片集等制作自己的感悟心得。

（二）室外实践法

课前，教师引领学生到不同的场地或场馆进行参观学习，然后将自己的参观学习过程记录下来讲给大家听，或者将自己感悟撰写下来，通过"学科活动"，如听、说、读、写、演、画、唱等方式将自己的感悟呈现给大家，引发大家的心灵互动。

如，走进主题场馆。感受革命精神仅靠说教是不够的，教师把学生带入红色革命纪念馆，带进了红色研学基地，让孩子们身穿军装、参与实地的参观、听老红军作报告等，在课前就充分体验了革命精神。

组织户外探索活动。让学生亲自走进自然，通过观察和体验，了解自然科学的基本原理。例如，通过观察植物的生长，学生可以理解生物的生长过程和生命的奇妙。

通过户外运动来教授团队协作的重要性。比如，组织一次接力赛或者足球比赛，让学生在比赛中体验到团队合作的力量，理解到集体的力量是无穷的。

进行环保活动。比如，清理公园的垃圾，或者种植树木等。这种活动不仅可以让学生了解到环保的重要性，还可以让他们亲身参与到环保行动中来，从而培养他们的环保意识。

进行社会实践活动。比如，去社区服务或者去养老院做志愿者等。这种活动可以让学生了解到社会的多元性，培养他们的社会责任感。

进行野外生存训练。比如，学习搭建帐篷，寻找食物和水源等。这种活动可以让学生了解到生活的艰辛，培养他们的生存能力。

总的来说，班会室外实践的方法有很多，关键在于教师如何根据学生的实际情况和需要，灵活运用这些方法，以达到最好的教育效果。参与这些室外实践活动一定要与学科活动进行有效融合，通过各种形式的学习成果物化，引领他们将学习内化为自己情感的真实升华，并能在课堂中进行真实有效的展示。

（三）情境演练法

通过提前排练适合主题的情景剧、童话剧，或者契合主题的辩论赛、演讲赛、体育活动等，让他们在真实的情境中获得有效的体验，可以采用以下形式。

进行艺术创作活动。比如，开展符合主题的绘画、雕塑、摄影活动等，激发学生的创造力，培养他们的审美能力。

进行辩论活动。比如，就某个社会问题进行模拟辩论排练，让学生充分准备素材，理解到问题的复杂性，培养他们的思辨能力。

进行演讲活动。比如，让学生准备并发表演讲，让他们学习如何有效地表达自己的观点，培养他们的口才。

进行角色扮演活动。比如，模拟法庭审判，让学生理解法律的重要性；模拟联合国会议，让学生理解国际关系的复杂性等。

为了使情景模拟的过程更加有效，体验层次更为深入，我们一般会采用以下流程来进行。

设定明确的目标。在开始任何形式的模拟之前，首先要设定明确的目标。这些目标应该是具体、可衡量的，以便在班会结束后可以评估其效果。

选择适当的主题。这个主题应该能引起学生的兴趣，同时也要有足够的深度，让学生能够进行深入的讨论。

制定详细的剧本。一个成功的情境模拟需要有详细的剧本。这个剧本应该包括所有可能的对话和场景，以及预期的结果。通过这种方式，学生可以更好地理解班会的目标和过程。

分配不同的角色。将学生分成小组，并为每个小组分配特定的角色。这不仅可以让学生更好地投入模拟中，也可以让他们学习到团队合作的重要性。

提供反馈和有效指导。在模拟过程中，教师应该提供及时的反馈和指导。这可以帮助学生改正错误，提高他们的表演技巧。鼓励学生使用他们的创新和创造性思维来设计和执行他们的计划。这将激发他们的想象力，同时也可以增强他们的批判性思维能力。

观察记录并分析结果。记录下班会的过程和结果，然后进行分析。这将帮助教师了解哪些方法有效、哪些方法需要改进。

反思总结和自由表达。在班会结束后，进行反思和总结。让学生分享他们从这个过程中学到了什么，以及他们如何将这些经验应用到他们的日常生活中。在班会中，鼓励所有的学生参与并表达他们的意见。这将帮助他们建立自信，同时也可以让教师更好地了解他们的需求和问题。

持续改进和调整策略。教师应该根据反馈和反思来持续改进和调整他们的策略。这将确保班会的效果不断提高，同时也可以让学生更好地参与到班会的策划和执行中来。

通过这些方法，我们可以使班会变得更加生动有趣，同时也可以提高学生的参与度和满意度。最重要的是，这种方法可以帮助我们更好地理解和解决学生面临的问题，从而提高我们的教学质量。

综上，我们可以把课前的准备活动作为整节课的一部分，和学生共同参与、共同体验，帮助学生塑造高尚人格。

（四）资源组合法

把和班会主题有关的图片、视频、音乐资源，或者师生、家长、社会资源进行有效整合，让每一个角落都呈现出育人的氛围，让每一人都成为育人的关键因素。

课前可以进行的主要活动形式

主题讨论：提前设定一个主题，让学生进行小组讨论，收集相关材料，为班会课做准备。

角色扮演：通过角色扮演的方式，让学生更好地理解和体验主题内容。

专题报告：让学生选择一个与主题相关的专题，进行深入研究和报告。

主题海报制作：让学生设计并制作主题海报，以视觉形式展现主题内容。

主题歌曲创作：鼓励学生创作与主题相关的歌曲，增强班会课的趣味性。

主题电影观看：选择与主题相关的电影进行观看，然后进行主题讨论。

主题书籍阅读：推荐与主题相关的书籍，让学生进行阅读和讨论。

主题游戏设计：设计与主题相关的游戏，让学生在游戏中学习和成长。

主题实地考察：组织学生进行主题相关的实地考察，增强学生的实践能力。

主题研讨会：邀请专家进行主题讲座，然后组织学生进行研讨。

主题展览：展示与主题相关的艺术作品或实物，让学生直观感受主题内容。

主题演讲比赛：举办主题演讲比赛，提高学生的口头表达能力。

主题知识竞赛：举办主题知识竞赛，检验学生的学习成果。

主题微电影制作：鼓励学生制作主题微电影，提高学生的创新能力。

主题诗歌朗诵：组织学生进行主题诗歌朗诵，提升学生的艺术修养。

主题手工制作：指导学生制作与主题相关的手工作品，培养学生的动手能力。

主题科学实验：设计并开展与主题相关的科学实验，提高学生的科学素养。

主题体育活动：组织与主题相关的体育活动，锻炼学生的身体素质。

主题道德讨论：引导学生进行主题相关的道德讨论，培养学生的道德素质。

每一种方式都有其独特的优点和作用，每一个资源都有它主要的价值和特点。作为教师，我们应该根据学生的实际情况和需要，灵活运用这些方式，进行有效的整合，就能使班会课既能达到教学目标，又能激发学生的学习兴趣，提高他们的道德认知。

三、撰写活动准备的两个要点

活动准备是要写进整体的教学设计中去的，作为班会设计中的一个重要环节，我们在撰写的时候要突出两点。

（一）将活动的亮点写入准备

撰写准备过程的时候切记把所有的项目全部一项不少地列入，要有选择性地将能够凸显主题的、能够凸显体验的活动亮点写进去。

在"礼赞抗疫英雄"主题班会中，有教师撰写了两个背景。

【班会准备1】

（1）让学生排练小品《封城》。

（2）背景音乐准备：抗疫歌曲《我们心在一起》。

（3）抗疫视频及PPT制作。

（4）邀请河南省抗疫先锋人物参加班会。

【班会准备2】

（1）制作多媒体PPT。

（2）人员安排（主持人、文稿）。

（3）准备知识竞赛题目。

（4）奖品若干。

在两个主题班会准备活动的撰写中，第一个很明显地将本节课的亮点活动呈现了出来：排练小品、抗疫视频录制、邀请河南省抗疫先锋人物参加班会，让人一目了然。而第二个制作多媒体、安排主持人、准备竞赛题目，则不能让人很清晰地了解本节课老师准备的内容，亮点不足。

活动亮点的选择可以参考三种常用的方法：室外实践法、情境演练法和资源组合法。

（二）将不同人员的工作写入准备

在主题班会的准备过程中，可以根据主体需要邀请家长、教师以及其他人员参与，将他们需要参与的体验活动写进去。

比如，家长可以以学生的身份参与主动学习；也可以以讲师的身份参与分享交流，参与主题演讲；还可以以助理的形式参与指导班级的一些活动，主要有以下形式。

家长可以参与学校的亲子活动，如读书会、户外拓展等，家长可以积极参与，与孩子一起享受这些活动。

家长可以参与学校的决策过程。例如，学校可能会就某些教学计划或活动进行讨论，家长可以提出自己的意见和建议。

家长可以参与学校的志愿者活动。例如，学校可能会组织一些环保、公益等活动，家长可以参与其中，为社区作出贡献。

家长可以参与学校的心理咨询活动。学校可能会提供一些心理咨询服务，家长可以参与其中，帮助孩子解决学习和生活中的问题。

家长可以参与学校的安全教育活动。学校可能会定期进行安全教育活动，家长可以参与其中，提高孩子的安全意识。

家长可以参与学校的体育活动。体育活动不仅可以帮助孩子保持健康，也可以培养孩子的团队精神和竞争意识。

家长可以参与学校的艺术活动。艺术活动可以激发孩子的创造力和想象力，同时也可以培养孩子的审美能力。

所有这些活动的参与准备都必须遵循两个原则：贴近主题原则，必须是围绕主题而设置的准备活动；有效叠加原则，不是准备得越多，效果就越好，而是有选择性地将多种有效的活动进行组合，形成体验的序列，实现有效的课前准备。当"课前准备+课中体验+课后实践"形成完整的一个教育循环，当整个活动链成为课堂外实践体验在课堂中的延续，学生的体验就会变得更有深度。

第二节　导入热身（知）

有效地进行班会导入，使学生能够积极参与，提高他们的道德认知，从而达到预期的教育效果，是每一位班主任都需要思考的问题。传统的班会形式已经无法满足现代教育的需求，我们需要寻找新的班会导入方法，以激发学生的学习兴趣，提高班会的效果。深度体验型班会的导入要注意以下三个方面。

一、切合主题（切）

暖场活动一定要切合主题，能与主体体验活动"无缝对接"。不切合主题的导入是无效的，切合主题的好的导入会使整节课成功一大半。所以，我们在进行创新的同时，一定要思考所选素材是否与主题切合。

主题班会常用的15种导入方法如下。

（1）提问导入法。教师可以提出一些与学生生活、学习密切相关的问题，引发学生的思考，激发他们的参与热情。

（2）故事导入法。教师可以选择一些有教育意义的故事，通过生动的叙述，引导学生进入班会的主题。

（3）直观导入法。通过观看视频或展示图片方式导入，使班会的内容更加直观生动，增强学生的学习兴趣。

（4）游戏导入法。设计一些与班会主题相关的小游戏，让学生在游戏中学习和思考。

（5）情境模拟法。通过让学生扮演不同的角色，引发他们的角色认同感，导入班会的主题。

（6）讨论导入法。教师可以提出一些开放性的问题，引导学生进行深入的讨论，从而引入班会的主题。

（7）分享导入法。可以邀请一些教师、家长或同学分享他们的学习经验、生活感悟等，以此引入班会的主题。

（8）实物导入法。可以展示一些与班会主题相关的实物，让学生通过观察和思考，引入班会的主题。

（9）实地考察法。可以组织学生进行一次实地考察，通过实地考察的体验交流，引入班会的主题。

（10）讲座导入法。可以邀请一些专家或者教师，为学生做一次关于班会主题的讲座，以此引入班会的主题。

（11）阅读导入法。可以推荐一些与班会主题相关的书籍，引导学生通过阅读书籍，引入班会的主题。

（12）活动导入法。可以组织一次与班会主题相关的活动，通过活动的开展，引入班会的主题。

（13）成果展示法。可以展示一些与班会主题相关的成果，让学生通过观察和思考，引入班会的主题。

（14）实验导入法。通过进行一个简单的实验，引发学生的好奇心，激发他们的探索欲望。

（15）观察导入法。通过展示一些有趣的现象或调查数据，引发学生的好奇心，导入班会。

总的来说，以上15种方法都可以作为班会导入的方式，关键在于教师如何根据班会的主题和学生的实际情况，灵活运用这些方法，使之和主题相符，让班会导入既有趣又有教育意义，使班会成为学生学习和成长的重要平台。

"让他三尺又何妨"的导入环节

1. 导入名言，感知宽容

雨果曾经说过，世界上最宽阔的东西是海洋，比海洋更宽阔的是天空，比天空更宽阔的是人的胸怀。我们一起走进今天的课堂。

2. 走进游戏理解宽容。

（1）孩子们，你们喜欢玩游戏吗，我们一起来玩"巧解手结"的游戏。游戏规则：2人一组，面对面站立，各自左手在下，右手在上交叉互相握住；中途不准松手，但可以转身，在规定时间内解开交叉结，呈手拉手状。

（2）音乐停止，游戏结束，请成功的同学谈游戏成功的秘诀。成功的同学：请一人先转身，相互配合默契就很容易成功！两人演示一遍！

（3）师小结：老师相信游戏过程不够顺利的，在课后一定也能获取成功！我们一起来学习他们取得成功的秘密吧！

（南亚红）

"让他三尺又何妨"的导入环节设置了两个活动，第一个是一起朗诵大家耳熟能详的雨果的名言，这和本次班会的主题是相切合的。关键在于第二个活动，老师选择了一个"巧解手结"的游戏，从游戏开始到游戏结束，我们发现这个游戏的主题更多的是在说团结，和宽容这个主题连接不大。所以，我们从和主题切合的角度来讲，这个导入是失败的，可以把它换成一个"传话接龙"的小游戏。

二、短小新颖（小）

这是指，导入的切口要小，素材要短小新颖，导入要用时适中，不能拖沓冗繁。小的切口更能贴近学生实际，贴近他们的生活，以小见大地呈现出体验的高度。这是一个老生常谈的话题，前边在"主题"确定一节已经分析过了。但是在实际的教学设计中，这依然是一个备课的难点。

"感恩生命，悦纳自己"的导入环节

1. 热身活动

大风吹口令游戏，指定独特条件的学生完成口令。

2. 撕纸活动

从热身活动引入，通过统一口令，让学生进行撕纸活动，对比所撕纸张的不同效果，发现每个人都是不一样的，是独一无二的，为之后活动的顺利进行做好铺垫。

3. 调查反馈

"自我认知调查表"反馈如表4-2-1所示。

表4-2-1

自我认知调查表姓名：		
1. 在成长的过程中，你感受到了哪些变化（优点、不足）？		2.在成长过程中你有哪些烦恼？
外在（身高、外貌、声音……）		
内在（自信心、学习力、自控力……）		

（1）在成长的过程中，从外在和内在两方面你感受到了哪些变化（优点、不足）？

（2）在成长过程中你有哪些烦恼？

【修改建议】

利用"自我认知调查表"的反馈，让学生通过汇报交流，来发现自身成长中的问题和畏难情绪，感受生命成长本就不是件容易的事。

这一个导入环节非常贴合主题，从撕纸活动到"自我认知调查表"反馈，都指向了一个主题："感恩生命，悦纳自己"。但是，这样一个导入从最开始就直接揭示了主题。而且"撕纸活动"，大家真的就能感受到自己生命的与众不同和独一无二吗？一张调查表就真的可以看出自己与他人的区别吗？这样的导入太大，也太过笼统，不易引起学生的注意。

我们可以将导入的切入点改为"成长的烦恼"，以《最近我很烦》的歌曲导入，自然而然引出自己成长过程中的烦心事。以此为导入非常贴合学生的实际生活，学生会有更多的思考涌入。在此基础上，我们引出"如果一个人的烦恼多了"会怎么样呢？请大家做一个吹气球的游戏，每听见别人说一次烦恼就往里边吹入一口气。当气球爆炸的时候，大家自然会在体验中感悟，当烦恼过多时，就把自己吹爆了，就会失去宝贵的生命。从"烦恼"到"生命的意义"，看似不统一，其实都是在说生命。这个切入点虽然短小，时间不长，但小的切口更能贴近学生实际，贴近他们的生活，在以小见大中呈现出体验的高度。

"碎碎念念，温暖了岁岁年年"的导入环节

导入：一首神曲了解唠叨

上课前我们先来听首网络神曲，听的时候要注意歌词，听完请告诉老师，你发现了什么。（播放一首用妈妈的唠叨作词的歌曲）

师：好，听完这首歌，你发现了什么？

生1：都是妈妈经常说我的话。

生2：几乎每天都能听到妈妈的这些语言。

师：你的生活中，妈妈爱唠叨你些什么？可以演绎出妈妈当时的语气和神态吗？

师评：你演得太生动了，老师都仿佛看到了自己的妈妈。看来，同一个世界，不同的妈妈，面对自己的孩子都说出了同样的唠叨。下面让我们看一看蒙蒙和妈妈之间又发生了怎样的故事。

大家都在谈妈妈的爱，谈如何去感恩妈妈的时候，这个教师别出心裁，选择了一个短小新颖的点——用妈妈的唠叨语言作词的网络神曲。听到这个歌曲的时候，所有孩子和听课教师都笑了。因为大家对这太熟悉了，哪一个人不是在妈妈的唠叨声中长大的啊！紧接着，教师话锋一转，"你的生活中，妈妈爱唠叨你些什么？可以演绎出妈妈当时的语气和神态吗？"课堂的气氛瞬间被点燃。这便是小的切口带给课堂的深刻改变。

三、贴近生活（近）

贴近生活即主题班会选用真实的素材，选用具有真实情境的素材、选用贴近学生生活的素材，更能唤起学生的情感共鸣。

一位教师在上"环境保护"主题班会的时候，引用了网络上大量的别人不爱护环境，破坏环境卫生的图片，然后滔滔不绝地给大家讲授了破坏环境带来的危害，结果所有学生只是在发出了几声惊叹之后便没有了学习的兴趣；另一位教师进行同样的授课，他录制了班级学生和学生周边小区破坏植物、乱扔垃圾、乱扔塑料袋、使用一次性筷子的视频，以此引入让大家分组进行了几道计算，算一算如果全校、全国每个人都这样做，一天的浪费会有多大。学生一节课参与活动热情非常高，班会课也取得了不错的效果。同样一节课，同样出示视频，效果为什么会有那么大的区别呢？关键在于素材选择有差异，一个来源于网络，一个来源于身边；一个来源于虚拟，一个来源于真实。真实的素材更能唤起学生的情感共鸣。

无独有偶，另一位教师在进行"感恩父母"主题班会的时候遇到了同样的尴尬。她以史铁生《秋天的怀念》这篇课文的朗读进行导入。熟悉这篇课文的教师都知道，这篇课文写了自从作者的腿瘫痪以后，他的脾气变得暴怒无常，母亲却默默地忍受，不但不责骂他，反而以一颗慈善、宽容的心来关爱他，照顾他。每当作者摔东西时，母亲了解儿子心中的痛苦，尽量让儿子发泄心中的痛苦。后来，母亲重病缠身，为了让儿子恢复对生活的希望和勇气，想要推着他去看花，结果花没看，母亲就永远地离开他了。可是母亲临走前，还记挂着作者。母爱就是这样，不需要轰轰烈烈，不需要华丽动听的语言，却直指人心，让我们感动。用这么感人的一篇文章作为切入，加上教师深情地朗诵、播音员水平声情并茂地朗诵，一定会感动所有学生吧？其实不然，教师泪流满面，学生无动于衷。究其原因，这个故事远离了学生的实际，他们根本没有相同的体验，情感何以代入？

案例：小水珠，映出大光辉

"碎碎念念，温暖了岁岁年年"

【班情分析】

"百善孝为先"，从历史文化传承角度来说，感恩孝敬父母老人是中华民族的传统美德。

四年级的孩子分析问题时开始确立自我的位置；在反复比较、衡量的过程中，开始认识自己的行为与他人行为的关系，并把自我作为一个独立的人不同于他人。他们正处在从低年级向高年级的过渡期，很多事情有了自己的想法。

随着父母对孩子的要求逐渐变多，所以总听很多同学抱怨，说放学不想回家，觉得妈妈很烦，衣食住行都要管，总是不停地在耳边唠叨。

【班会目标】

（1）通过一首神曲、一段回忆，让学生感受并正确认识妈妈的唠叨。

（2）通过一部绘本、情景再现，让学生感受妈妈的辛苦，体验母爱之深。

（3）通过一段连线、一段真言，让学生学会感恩母亲并励志践行。

【班会准备】

（1）下载网络视频《唠叨神曲》。

（2）打印两个情景剧剧本。

（3）下载绘本《苹果树的故事》。

（4）下载歌曲《萱草花》《是妈妈是女儿》。

（5）找各位家长提前录制音频。

（6）制作感恩树KT板。

（7）绿叶形状便利贴。

【班会过程】

（1）一首神曲了解唠叨。

上课前我们先来听首网络神曲，听的时候要注意歌词，听完请告诉老师，你发现了什么？（生回答）

师：能否代入妈妈的角色来模仿一下。（生模仿）

师：看来，同一个世界，不同的妈妈，面对自己的孩子都会有同样的唠叨。下面让我们看一看蒙蒙和妈妈之间又因为唠叨发生了怎样的故事呢？

（2）一个场景感受唠叨。

活动：三位学生演绎剧本

场景一：放学回家

独白：蒙蒙放学回家，书包一扔，马上投入了游戏中。

（蒙蒙打游戏的声音：冲啊，快，打！）

妈妈：蒙蒙，回来就玩游戏，先去写作业去。

蒙蒙：知道了。（头也不抬，继续打）

妈妈有点生气地说：快，写作业去。

蒙蒙不耐烦地说：知——道——了！

妈妈：你这孩子，越上学越没长进。人家明明整天学习，你就知道玩！

蒙蒙情绪激动地说：整天就是明明，明明，他那么好，怎么不让他做你儿子！！

妈妈顿时提高了声调，生气地说：白养了你十几年，你就这样气我！！

场景二：吃饭时

妈妈：吃饭别吧唧嘴，没有规矩。

蒙蒙厌烦地看了妈妈一眼。

妈妈：坐有坐相，你看看你成天弯腰弓背，会驼背的。（说话的同时一掌拍在蒙蒙背上）

蒙蒙：天天唠叨，天天唠叨，你烦不烦呀？

妈妈：你——我要不是你妈妈，谁管你呀！！

蒙蒙捂着耳朵：烦死了，以后不用你管！！（"砰"地关上门）

只留妈妈呆在原地，默不作声地哭了。

师：你长大了，门却关上了，妈妈和你从此隔了一道墙。孩子们，你们可曾觉得妈妈很烦，很讨厌她的唠叨。可母爱就是这样，不怕岁月的磨炼，时光的催促，永远在一旁提醒你改正坏毛病，不管你是否领情。

（1）一个绘本品读唠叨。

师：接下来请大家观看绘本《苹果树》（播放绘本），请你仔细观看，认真聆听，深入感悟。

师：看完绘本，你感受到了什么？（生回答）

师：妈妈的爱是伟大的，是无私的，她为了孩子，竭尽全力、心甘情愿付出自己的一切。但是粗心和忙碌让我们忽略了太多太多的母爱。孩子们，请把你此时此刻心中涌动着的感激、思念、祝福、歉疚……都写给妈妈吧，让情感在今天尽情地宣泄吧！（生在绿叶便利贴上书写）

（2）一段连线诉说唠叨。

师：在你们尽情书写自己对妈妈的爱时，老师看到了一个孩子泛红了眼眶，老师想采访一下她。

师：孩子，你想对妈妈说些什么呢？（生说）

师：你有没有勇气直接告诉妈妈呢？来，拨出那个你熟记于心的号码吧！

（学生现场和家长打电话，表达自己内心的想法）

师评：千言万语诉不尽对妈妈的爱，只愿时光清浅，将温柔以待。我们的妈妈们也想对你们说点心里话，我们一起来听一下。

（3）一段真言温暖唠叨。

播放家长提前录制的音频，诉说关于妈妈日常叨唠孩子的本意（播放父母的温馨祝福）。

师：妈妈的爱就像一棵大树，为我们遮风挡雨，愿我们对妈妈的爱如同这手中的绿叶般充满深情。孩子们，让我们把充满爱意的树叶贴在感恩树上，把你们最真挚的情感留在心间。（生将绿叶便利贴贴在感恩树上）

结束语：唠叨是浓浓的关爱，唠叨是温暖的呵护，唠叨是母爱的重叠，唠叨是亲情的附加。正是妈妈每天的唠叨，不断地提醒我们，教会我们如何面对学习、面对生活；也正是这份碎碎念念，温暖了我们的岁岁年年。

【活动后跟进行为】

孩子们，"感恩不待时"，今天晚上请回家拥抱自己的妈妈30秒，并在她耳边说一句：妈妈，您辛苦了，我爱您！

（谢星璐）

【评析】

"水滴虽小，却可以折射出整个太阳的光彩。"本节主题班会通过教师"一段唠叨"切入班会，紧接着，一个故事、一个绘本、一段真情让所有人流下了眼泪。同时，这也带给了我们诸多启示。在我们谈母爱的时候，可以先不谈母爱，我们可以谈妈妈的唠叨，谈妈妈额头的皱纹，谈妈妈陪伴我们的时光……短小的切入，长情的告白。一位教师在讲授"热爱祖国"为主题的班会时，他却从家乡近二十年的变化切入，引导孩子们谈变化，议发展。紧接着"家乡的变化，只是祖国变化的一个缩影"一句话便把孩子们带入了祖国的科技人文、祖国的制度文化带给我们的幸福生活。这样的祖国谁不爱？这样的切入怎么能不成功呢？

我们强调的选择小切口，其实就是要贴近学生的需求，要满足学生自我生长的需求，从符合他们年龄特点的体验活动切入；要满足学生自我建构的需求，从贴近他们生活的身边真实案例切入；要满足学生自我认知的需求，从符合学生心理认知规律的真实素材切入；要满足道德发展的一般规律，从微小认知逐步升华为行动的高度；通过规避表演化、虚假化、形式化的主题班会活动设计，让学生的体验回归真实，回归自身需求，呈现出"小切口，大教育"，促进学生生长的高度。

第三节　推进体验（情）

德育过程是受教育者接受教育者和教育环境的影响，发挥主观能动性不断进步的过程。知、情、意、行是构成学生品德的四个基本要素，它们之间相互联系，相互影响，相互制约，统一于学生的整体性发展中。认知是产生道德情感、形成道德观念的条件，道德情感是形成道德观念的核心，道德行为是检验道德观念、道德情感的重要标志。在通过导入环节引发学生产生基本的道德认知之后，进行自主的深度体验唤醒学生的情感共鸣，就成为深度体验型主题班会的一个核心。而这一环节主要的体验活动及素材应该来源于身边的人和身边的事，充分引领学生主观能动性的不断发展，形成基于主题核心的道德观念。体验活动及体验素材的选择主要应注意以下三个方面。

一、要真实真效（真）

主题班会为学生创设真实的情境或接近真实的情境，选用真实的素材更能唤起共鸣，让整个班会的过程更高效、更具实效性。

真实情境创设可以提高主题班会的吸引力。传统的主题班会往往以讲解为主，形式单一，难以吸引学生的注意力。而真实情境创设则可以通过模拟的形式或者真实情境的呈现，让学生在参与中体验和学习，从而提高他们对主题的理解和认识。例如，在关于环保的主题班会中，教师可以带领学生到一个被污染的环境中，让学生亲身体验到环境污染的严重性，从而引发他们的环保意识。

真实情境的创设可以提高主题班会的互动性。在传统的主题班会中，学生往往是被动的接受者，他们缺乏参与的机会和空间。而真实情境创设则可以通过角色扮演、小组讨论等方式，让学生积极参与到班会中来，提高他们的参与度和互动性。例如，关于公民责任的主题班会中，教师可以设计一些角色扮演的活动，让学生融入角色中，通过互动交流，深入理解公民责任的含义。

真实情境创设可以提高主题班会的实践性。传统的主题班会往往过于理论化，难以将理论知识转化为实际行动。而通过模拟真实情境，可以让学生在实践中学习和成长。例如，关于团队合作的主题班会中，教师可以设计一些团队建设活动，让学生在实践中体验团队合作的重要性和方法。

体验不是告知

在"我从哪里来"主题班会中，要让一年级孩子感受到妈妈生他时多么痛苦和不易。于是，第一次试课，我用大量的、饱含深情的语言告诉学生："十月怀胎，一朝分娩。剖宫产的孕妈妈的肚子被一层层切开，抱出小宝宝，再层层缝合，那是12根肋骨同时断掉的疼痛啊！孩子们，你们知道该有多疼吗？"因为自己曾经经历过这些，说着说着我不禁流下了眼泪。但令人意外的是，孩子们一脸茫然。为什么呢？我认真地进行了反思：老师尝试要把自己的体验告诉孩子，让他们明白这种感觉是不现实的。因为孩子们没有经历过真实的事情或者真实的体验，怎么会获得和我一样的情感共鸣呢？于是，第一次上课失败。

第二次在反思之后，我进行了两个地方的改进。第一个地方，为了带来怀孕体验的真实感，我专门从医院找来了两台分娩疼痛体验仪。"妈妈生自己时到底会有多疼？"小孩们跃跃欲试，当疼痛仪的贴片放在肚子上的时候，他们还信心十足。一级过去了，小孩们感觉到"很疼"，但勉强可以接受。二级刚到，所有小孩都表示"受不了了"，"不敢再接受三级挑战了"。我说，孩子们，妈妈生你们时的疼痛是十级啊！小孩们纷纷惊呼，那该有多疼啊！紧接着，我现场邀请了一位体格健壮的男老师进行现场体验，让他们猜一猜，这位叔叔可以忍受多少级呢？他们纷纷猜测叔叔是大人，肯定可以忍受到七级、八级……于是，在大家的关注下，这位男老师就把贴片放在了肚子上，一级还好，刚到二级，男老师就大声说，再也不想往下试了，太疼了。孩子们都很惊讶，原来他们想着小孩太小受不了，没想到大人也受不了啊！

接着，我又再次问学生："十级的疼痛到底是怎么样的呢？"我播放了一个网络上有人测试十级疼痛的视频，当孩子们看到视频时，他们终于明白了原来断掉十根肋骨是这样一种痛。此时，所有人的情感都被一次真实的体验唤醒了。我顺势喊来了他们的妈妈，让他们现场对妈妈说一些话，并拥抱自己的妈妈。好多孩子流下了滚烫的泪水。

这位教师的课后反思告诉我们：真实的、有效的体验绝不是告知，要想获得深度的情感共鸣，不是只靠从网络上找到几张感人的图片、几个感人的视频、几个动人的故事就可以的。只有通过真实的场景、真实资源的深度体验，学生才会在班会中获得情感的升华。

案例1：真实情境，带来深度体验

一位教师在进行"心有榜样·行有力量"主题班会时，在课前除了引导孩子们进行常规的排练快板、小品、视频制作、搜集榜样事迹之外，还专门指导孩子们到防疫值班点、交通警亭和清洁区域参与课前真实体验，电话邀请到了两位嘉宾，准备在课堂上现身说法。

本节课她设置了四个活动：欣赏视频，找寻身边，知榜样；讲述故事，邀请嘉宾，悟榜样；情景体验，开展采访，寻榜样；看小品剧，听动员会，做榜样。

第一个环节，老师一开始就用真实的情境唤醒学生的情感共鸣，播放了最近录制的班级好人好事，并通过快板的形式对他们进行赞扬，学生对本节课的参与热情马上被点燃。紧接着再开展观后交流，找寻身边的同学榜样，在看和说中就能初步感受榜样的力量。

第二个环节，首先引导学生讲述自己搜集的榜样故事，并邀请本县内的全国最美孝心少年现场说法，学生身边的故事深深地感染了大家，让孩子们更加深刻地体会到榜样就在身边，榜样的精神从未远去。

第三个环节，教师引导学生就课前体验活动：穿防护服为人们测温、消毒，在烈日下帮助交警叔叔指挥交通，帮助清洁工人打扫街道等，来畅谈自己的感受。组织班级小记者进行现场做采访，引发学生对比、思考，让他们真实地感受到：原来平凡的人也可以拥有不平凡的人生，平凡的工作也可以创造不平凡的辉煌。

第四个环节中，小品剧《榜样》将班会推向了高潮。教师带领孩子们一起聆听习近平总书记对小学生的寄语，并激励大家在知行合一中助梦中国。紧接着中队长带领大家进行宣誓立志，通过层层递进的活动，孩子们在心中种下了"人人心中有榜样、人人身上学榜样"的种子。

班会最后深情总结：同学们，你们是与新时代同向同行、共同前进的一代。要时刻以榜样为镜，从小听党话、跟党走，在行动中践行我们是共产主义接班人，为实现伟大的中国梦贡献自己的力量。

【评析】

一节课的结束是另一段旅程的开始。回顾整节课，之所以取得了成功，是因为从导入环节到身边人和身边事的呈现，老师都是寻找了极具代表性的真实案例。"身边榜样视频""身边榜样现身说法""在社区中寻找榜样"……正是老师给了学生深度体验的真实空间和自主选择的机会，才真正进入了他们的内心；正是老师创设了多种真实情境，全班才在真实体验中掀起了一股"争做榜样"的热潮。所以，班主任们，主题班会课"真实深度体验"不妨多来一些……

真实体验对于主题班会来讲格外重要。我们所说的"真"主要包含以下内容。

（1）用真实的现实场景或接近真实的模拟场景引领孩子进行真实的体验。用真的照片、真的视频、真的活动、真的游戏引领学生真感悟、真体验，他们才会有真触动。

（2）情感的升华、共鸣不是问出来的，而是建立在真实情境的深度体验基础上产生的。真实的生活情境会激发出我们内心深处的情感，只有当我们真正投入这些情境中，用心感受体验，才能真正理解其中蕴含的情感价值。

（3）情境的创设，应尽量让更多人参与，通过集思广益，我们可以创造出更加独特和有趣的情境，满足不同人的个性化需求。同时，我们也需要确保情境的内容"走心"，即内容要贴近人们的生活，符合人们的价值观和情感需求。只有这样，情境才能真正地"接地气"，让人们感到亲切和舒适。

（4）课堂要打假，摒弃假教、假学、假体验，这不仅是对教育的尊重，也是对学生的尊重。我们要追求真实的教育，让学生在真实的环境中学习，体验真实的生活。

二、要深度整合（深）

活动理论是心理学领域的重要理论之一，它强调人的主动性和参与性，认为人们通过参与活动可以获得知识和技能，进而提高自身的素质和能力。活动理论的主要内容包括以下几个方面。

（1）活动单元：活动理论认为，人们通过参与活动来获得经验和知识，而这些活动是由一系列相互关联的单元组成的。

（2）交互作用：在活动中，人们需要不断地交互作用，通过合作和交流来解决问题、完成任务。

（3）自我发展：活动理论认为，个体的自我发展是在活动中实现的。通过参与活动，个体可以发展自己的潜能和技能，增强自我效能感和自尊心，同时也可以培养自己的情感和价值观。

因此，活动理论可以为主题班会提供有效的指导，使主题班会更加生动有趣，更具实效性和针对性。

在主体体验的时候，往往一种活动形式不能达到很好的教育效果，把几种活动进行整合，效果更好。所谓的"深"，即在丰富活动形式的基础上，对其进行有效的重组和叠加，来提升学生的参与度和体验的深度。这种深度不仅体现在活动的多样性上，更体现在对每个活动进行有效整合的能力上。通过精心设计和组织，将不同的活动有机地结合在一起，创造出一个更加丰富、有趣且具有挑战性的学习环境。这样的活动设计除了可以激发学生的学习兴趣，提高他们的参与度，还能够提升学生的情感体验。我们可以尝试从以下三个方面做到"深"，增加体验的厚度。

（一）丰富活动形式

常见的主题班会的体验活动有心理拓展类活动、学科拓展类活动、社会实践类活动和家校协同类活动。

1. 心理拓展类

通过精心创设特殊情境中的一系列融合运动、趣味和心理等元素的活动，激发学生的潜能，磨炼学生的意志力，打破心理极限，挑战自我，培养逻辑思维能力和团队合作精神，增强目标意识和谋略意识，塑造健全的人格，主要包含以下五个类别。

（1）沟通技巧训练：这类活动主要关注提高人际交往中的有效沟通能力。通过模拟实际场景，参与者可以学会倾听、表达、说服和解决冲突等技巧，从而在日常生活和工作中更好地与他人相处。

（2）团队建设活动：这类活动强调团队协作的重要性，旨在培养团队成员之间的信任、合作和默契。常见的团队建设活动包括破冰游戏、户外拓展训练、角色扮演等。

（3）情绪管理培训：情绪管理对于个体的心理健康至关重要。这类活动通常涉及情绪识别、情绪调节和情绪表达等方面的技巧，帮助参与者学会如何更好地应对生活中的压力和挑战。

（4）领导力发展：领导力是影响他人实现目标的能力。通过参与领导力发展活动，个体可以提高自己的领导才能，学会如何激励团队、解决问题和制定战略。

（5）创新思维训练：创新思维是指能够提出新颖、有价值的想法和解决方案的能力。这类活动鼓励参与者跳出思维定式，挑战传统观念，培养独立思考和创造性解决问题的能力。

这些心理拓展活动为个体提供了丰富的学习和成长机会，有助于提高心理素质、增强团队协作能力和培养创新思维（表4-3-1）。

表4-3-1

能力培养	素拓项目
团队建设活动	旗人奇事、怪兽、寻人游戏、张冠李戴、闪亮登场、答非所问、吸引力、扑克组合、大风吹、卖东西、007行动、萝卜蹲、做鬼脸……
沟通技巧训练	生日线、同声相应、撕纸、信号、机器人、盲人排队、布星阵、谢谢提示、孤岛历险记、蒙眼作画、克隆……
团队合作类	逃离泰坦尼克号、迷失丛林、蜘蛛网、电网、小泰山、全体离地、搬运核弹头、变形记、一圈到底、心有千千结（解手链）、同舟共济、PP对抗、寻宝行动、风火轮、魅力魔椅、人浪、踩轮胎、大脚丫、百斤一指、抓特务、进化论、炸药……
情绪管理培训	风中劲草、信任背摔、信任之旅、优点轰炸、你棒我也棒、第六感……
创新思维训练	呼啦圈、高空飞蛋、建大桥、建塔、一笔九点、思维的价值、男左女右……
领导力发展	建绳房、他的授权方式、个人发展盾形图……

2. 学科拓展类活动

在主题班会活动中，我们经常会用到一些学科拓展类活动，比如读一读、写一写、画一画、演一演、唱一唱、说一说。通常在运用的时候，我们是通过主题学习的方式将各种形式进行有效整合，以促进所有学生对于主题的情感认同。

（1）读一读。"读"的主要内容是阅读相关材料，包括主题教育读本、时政新闻、相关文学作品等。这些材料有助于学生对主题的理解和认识，激发学生的思考和讨论，同时也为学生提供了实际操作的机会，例如写作、表演、辩论等。

（2）做一做。"做"主要是指通过做一些学科实验、体育游戏、数学活动等来深化对主题的认知，明白人生道理。比如，通过二人三足游戏，让大家明白合作的意义。

（3）画一画。"画"主要是通过绘制调查报告、绘制人物形象、画出时间数轴等方式来增加自己对主题的深度体验。比如。"党建"主题班会，让学生在数轴上画出党的百年史，在长卷上画出党的历史画卷，这些活动让学生对党的爱和认同提高到了新层次。

（4）演一演。"演"主要是通过让学生模拟一定的生活场景，扮演某一生活场景的角色，来获得关于某一主题的深刻体验。讨论关于环保的主题，我们可以邀请数位同学来演一演童话剧《消失的村庄》，让学生在观看中深化主题。

（5）算一算。"算"主要是通过数学中常用的算一算，让学生明白一定的道理，获得情感提升。比如，在感恩主题班会中，让学生用算一算和撕纸的方法去感受我们陪伴父母的时间之短。

（6）讲一讲。"讲"主要是通过一个事件、故事的讲述，调动学生对这个故事的体验，唤起学生的情感共鸣；通过辩一辩，深入探讨和理解各种问题；通过小组合作说一说、讲一讲，更加明确主题的意义和内涵。

在运用学科拓展类活动的时候，需要特别注意三点：（1）学科活动只是辅助，它只是为了服务于班会课主题的推进而进行的一个项目，切不可把学科作为主要的活动形式和活动目的去实施，把主题班会课上成学科课；（2）在运用演一演的时候，切不可一节课全部是演一演的组合，形式花哨毫无用处，把班会课上成表演课、晚会；（3）讲一讲里最重要的是总结反思。根据库克的体验学习圈理论，有效的学习是从体验开始的。所以"知、情、意、行"四个程序都要从体验开始，经历反省、思考和实践。每一环节的最后一定要"讲一讲"，讲出自己的理解，讲出自己的感受。"讲"的主体最好是学生。

3. 社会实践类

在这里主要是指通过参与课前准备环节的社会实践活动，在"主体体验"这一环节，将自己的反思、心得、收获、成果等通过学科拓展类活动呈现出来，在班级进行展示，丰富学生的体验，更为深入地感悟主题、体会情感。这种展示不仅是对自己学习过程的一种回顾和反思，也是对其他同学的一种分享和交流。

比如，开展"环保"为主题的班会，可以带领他们提前进行校园清洁、废品回收、绿化植树等活动，让他们可以亲身参与到环保行动中。

"关爱他人"主题班会，可以带领学生走进社区服务，包括探访敬老院、帮扶贫困家庭、参与社区文化活动等，更好地融入社会，学会关爱他人。

"致敬英雄"主题班会，我们可以带领学生到革命英雄纪念馆进行参观学习，邀请老红军到班讲述英雄故事等。

在活动的过程中，师生和家长通过拍照片、录视频、写心得、做记录、撰写研究报告、情景模拟等方法，将自己的成果放在班级进行展示，帮助学生在实践中成长和进步。

4. 家校协同类

这一类主要是提前和家长沟通，让家长在指定的时间走入课堂，或进行分享、或进行演讲、或进行互动等，通过亲子互动让主题更为明确。比如，邀请父母讲述过去的故事、邀请家人现场连线……有老师通过钉钉直播的形式让家长全程参与班级的主题班会，组织家长和学生在线讨论，取得了不错的效果。

在具体的实施中，我们可以围绕班会的"主题"，将各个形式的项目进行有效整合，增加体验的深度。

（注：社会实践类和家校协同类活动，在第一程序"突出亮点真准备"中已经详细介绍，这里不再重复。）

案例2：丰富形式，激发体验深度

让"少年的你"远离校园欺凌

【班会背景】

近日，周边学校，校园暴力事件频发，"校园欺凌"再度引发关注和热议。国务院教育督导委员会办公室下发专项治理《关于开展校园欺凌专项治理的通知》，更为我们敲响了警钟。我们班级周围最近也出现了类似的校园欺凌现象，对孩子的身心健康伤害巨大。

我们应该让每一个孩子都在阳光下长大。因此，开展校园反欺凌教育迫在眉睫、势在必行。

【活动目标】

（1）通过视频引入和情景模拟，认识校园欺凌的危害。

（2）通过案例分析，情境思辨，让学生体验预防校园欺凌的方法。

（3）通过法制专家现场说法、社会实践等形式，引发学生抵制欺凌的行为。

【班会准备】

（1）排练情景剧《谁动了我的书包》。

（2）邀请校外法制辅导员，增强学生的法律意识。

（3）提前一周布置了观看电影《少年的你》，引导同学们在课前先行经历体验，完成情感带入。

【活动过程】

活动一：信息看台——认识校园欺凌

1. 看视频，说感受

（1）上周，大家观看了影片《少年的你》，这并非一份少年情谊，而是校园欺凌话题，让我们一起来回顾其中的镜头——"霸凌者"的嚣张放肆，"受害者"的悲伤无助，触动着每一位同学。校园应该是最阳光、最温暖的地方，愿每个孩子都能被温柔以待，今天让我们走进主题班会，"让少年的你远离校园欺凌"。

（2）观看郑州市金沙小学六年级学生舞蹈《抵制校园霸凌》，每个眼神，每个动作，都让人不寒而栗。

（3）继而播放中关村二小斌斌被同学扔厕所垃圾筐的新闻视频。

（4）同桌讨论，说说此时此刻的感受。

【设计意图】

导入环节，师生交流从分享影评开始，可以最大限度地调动学生参与课堂的积极性，同时为学生提供一个面对校园欺凌的模拟情境，为后续认识、感受和应对校园欺凌奠定基础。

2. 谈认识，明欺凌

欣赏情景剧《谁动了我的书包》，结合生活实际谈认识，到底什么才是校园欺凌呢？

3. 小游戏，辨辨辨

进行游戏活动："火眼金睛"辨辨辨："校园欺凌"或"玩笑嬉闹"，分清二者区别。

【设计意图】

这一环节的目的是为学生揭示现实生活中的校园欺凌行为，引发学生的思考。在真实的情境中，增强对校园暴力的识别能力，从而更清晰地认识校园欺凌。

活动二：寻根究源——树立是非观念

1. 分析案例

施暴者为什么要这样做？他们的心理是怎样的呢？首先带领同学们来看一个案例。

2. 情景思辨

（1）演绎欺凌别人的情景剧。

（2）丁某处理问题的方式对吗？你怎样劝说他不做施暴者？

（3）案例中丁某的朋友和这件事情有没有关系？你有什么建议对他说？

（4）总结：看来，没有树立正确的是非观念，盲目地帮同学出气，成为他们施暴的重要原因。因势利导，总结校园暴力发生的几点原因。

【设计意图】

借助这个案例思辨，从而拨开欺凌的真相．让学生理性思考、辨识、判断，从而明晰欺凌行为的缘由、特点，预防和应对学生欺凌行为。

活动三：群策群力——学会管理情绪

1. 情境模拟"你说我议"

两位同学现场模拟表演《当被他人冒犯时》。

然后，展开热议：当我们听到这样的嘲笑时，有没有别的更好的解决办法？

2. 心理辅导，管理情绪

出示"生气控制四步法"，引导学生学会控制自己的情绪，和欺凌说再见。

3. 角色扮演，深刻体验

同桌运用"生气控制四步法"选择角色扮演，进行深刻体验。

【设计意图】

这一环节借助情景模拟、心理辅导、角色扮演等方式，体验欺凌事件背后的情绪，有针对性地对学生进行了心理干预和行为矫正。

活动四：脑力风暴——应对校园欺凌

1. 情境再现，机智应对

"安全重于泰山，防范胜于救灾。"一旦遭遇校园欺凌，我们又该如何应对呢？模拟两种身份，假如我是受害者，假如我是旁观者，说一说如何机智应对。

2. 法制专家"现场支着"

本次班会，还特意邀请到了我校的校外法制辅导员为同学们现场支着。

3. 班长带领齐读誓词

班长带领读誓词，呈现和谐美好的情境；集体朗诵快板诗，营造轻松温馨的氛围。

4. 社会实践深度体验

校园是同学们学习的港湾，是同学们成长的摇篮。我们不做害人的霸王，也不做沉默的羔羊，用合理的方式勇敢地向欺凌说"不"！只有这样，我们的校园才能更和谐，更美好，更阳光！

（王　婷）

【评析】

丰富活动类型引领自我体验

主题班会是一种有效的自我教育方式，他不是要告诉学生"必须怎样做"，而是给他们创造更多的机会，引领学生自己去体验会"我为什么要这样做"。王婷老师在这节课的设计里践行着这样的理念，并不断丰富着自己活动类型的设计。

（1）体验型。"看视频，明欺凌""火眼金睛""辨辨辨""资料出示，感悟品格"……每一次体验对学生就是一次心灵的触动。

（2）表演型。"角色扮演，深刻体验""情境再现，机智应对""情景思辨"……每一次表演就是引发学生和自我对话的过程。

（3）讨论型。小组交流欺凌的含义，共同讨论我们该如何应对欺凌，齐读誓词共同表明决心……每一次讨论就是对学生自我认知的一次升华。

（4）故事型。《少年的你》《抵制校园霸凌》《谁动了我的书包》《当被他人冒犯时》……小故事里蕴含着大道理，生动讲故事的过程，往往最能引发学生情感共鸣。

德育不是告知，活动引发思考。不同的形式往往创造别样的精彩，王老师做到了这一点，引领学生在深度体验中达成了共识。

（二）实现有效叠加

丰富活动形式并不是对活动形式的随意罗列，而是需要深思熟虑和精心策划的过程。只有通过充分的研究、创新和不断试验与调整，我们才能创造出真正丰富和吸引人的形式。这不仅可以提高活动的吸引力和参与度，还可以提高活动的有效性。

1. 何为有效叠加

何为"有效叠加"？指所有活动形式明确地围绕一个主题，所有活动形式之间有着明显的逻辑关系和层次递进。换句话说，有效的叠加是指在一个活动中，不同的活动形式能够有机地结合在一起，形成一个有逻辑、有层次的整体。

有教师在设计"祖孙情深感恩有您"主题班会时，设计了这样几个环节：

（一）我眼中的祖辈，设计了三项活动：①画一画脑海中的爷爷或者奶奶；②出示年轻时爷爷和奶奶的照片，议一议；③观看爷爷奶奶爱我们的情景剧。

（二）重新认识祖辈，设计了三项活动：①现场问卷，你了解爷爷奶奶吗？②

答题比赛，了解爷爷奶奶；③为天平加"爱的砝码"，看看爷爷奶奶爱我们有多少。（三）走进祖辈的内心，设计了三项活动：①填写爷爷奶奶的生活档案；②给爷爷奶奶书写爱的贺卡；③连线爱的电话，向爷爷奶奶表白迟迟说不出口的话。（四）孝敬祖辈我先行，设计了五项活动：①选择当出现下列情况时，你会怎么做；②颁发尊老爱亲优秀少年奖；③制订孝心行动表；④真情告白；⑤感恩宣誓。一节20分钟的微班会，全篇设计了14个活动，平均一分半钟就要进行一个活动。试问，这些活动的罗列真的有效吗？

教师追求完美的、完整的课堂，这固然不错。但是过多的环节却使教育效果并不如意。结合上边的案例，我们不难发现，切入点近一些，环节少一些，学生才能更深入地融入情感，产生自主建构。一节课不是活动形式越丰富，活动流程越完整，整节课就越精彩。只有师生情感能够达成共鸣的课堂，学生的学习情况才是最好的。而达到共鸣的前提是他们能够深入地去学，去感知，去体验，去行动。

所以，我们要大胆地取舍，去掉更多的不必要的活动，让每一个活动都深入开展，这样才是真的有效，而不是走过堂。学会取舍，才有深体验，环节的合理取舍决定了学生体验的深度。

2. 怎样有效叠加

怎样实现活动的有效叠加呢？我们在设计情感体验活动的时候，除了选择与主题相关的活动外，更要关注所有活动之间的联系。一个好的主题班会活动，不仅仅是一系列的独立活动，而应该是一个有机的整体。每一个活动都应该与其他活动有着直接或间接的联系，形成一个连贯的活动链。这样，学生在进行活动的过程中，就能够更好地理解班会主题。

此外，我们在设计活动的时候，不能只考虑活动的内容是否与主题相关，还需要考虑到学生的年龄、兴趣和能力。如果活动的难度过高，超过了学生的理解能力或接受程度，那么这个活动就无法达到预期的效果。因此，我们在设计活动的时候，就需要尽可能地选择那些既能让学生学到知识，又能满足他们的兴趣和提升能力的活动。这样，我们才能设计出真正符合学生需求，能够达到预期效果的主题班会活动。

在主题班会课赛课的现场，我们可以看到同样的照片、视频、现场连线和怀孕体验，效果却不一样。有的课堂，学生情感融入深，效果好；有的课堂，学生毫无感觉，效果差。这是为什么呢？主要原因还是活动形式的组合出了问题。我们提倡打出组合拳，以深体验唤醒学生情感共鸣。

我们可以采用这样的组合，效果会更好。比如，把传统的"看图片后讨论"改为：a.看图片、视频+音乐+解说+讨论；b.看和自己有关的图片、视频+音乐+解说+讨论。

"现场连线"改为：看视频+背书包+系鞋带+孕妈妈现身说法+现场连线+家长现身。

"怀孕体验"改为：背书包+系鞋带+孕妈妈出场介绍+妈妈现身；或者分娩疼痛仪+耐受十级疼痛的视频+妈妈现身。

当我们打出一套组合拳，把多种形式有效连接起来，形成有效的活动链，让学生情感多次触动，层级触动，体验就会变得愈发深入、有效。

（三）增加互动创新

班会创新是现代教育发展的必然要求，它可以提高学生的参与度，培养学生的自主性，拓宽学生的视野，提升班级的凝聚力。体验式主题班会的创新不仅仅体现在其主题的设定上，更深入地体现在如何通过活动的形式让每个参与者能够全身心地投入其中。这种创新主要体现在互动活动的创设上。

互动活动的创设是体验式主题班会的核心部分。它不仅仅是一种形式，更是一种理念，是一种让学生在参与中学习，在实践中提高的教育方式。在这个过程中，教师不再是单纯的知识传授者，而是变成了引导者和协助者。他们引导学生通过各种互动活动，发现问题、解决问题，从而达到知识的内化和能力的提升。

这种互动活动的创设，不仅丰富了班会的内容，也提高了学生的参与度。学生不再是被动的接受者，而是主动的参与者。他们在活动中可以自由发表观点，提出疑问，通过与他人的交流和合作，提高自己的思维能力和对主题的再认识，再体验。

常用的互动体验项目

团队建设活动：可以包括破冰游戏，如"自我介绍"或"人名连连看"。学生可以一起玩，以增进彼此的了解和友谊。

主题讨论：可以设定一个主题，比如"环保""未来规划"或"责任与担当"。学生可以分成小组进行讨论，然后选出代表来分享他们的观点。

问答游戏：可以在班会上进行一个知识问答比赛。可以由教师准备一些问题，或者让学生自己出题。

角色扮演：可以设定一个场景，比如"校园生活""社会问题"或"未来世界"。让学生扮演不同的角色，通过模拟实际情况，让他们更好地理解和学习。

互动故事会：可以由教师或者学生开始一个故事，然后让每个人依次接龙，把故事继续下去。这样既能提高大家的协作能力，又能增强互动性。

创意分享：让学生分享他们的创意或者独特的想法，比如"我最喜欢的书""我的理想世界"或者"一种新的学习方法"。

班会"法庭"：可以设定一个主题，比如"规则的重要性"，然后让学生扮演法官、被告和证人等角色，通过模拟法庭情景，让他们更深入地理解主题。

实践互动：增加家校社各种资源的深度互动，让整个班会增加长度，延长体验的空间。

活动设计在巧妙的同时，也要增加参与性，从班会设计、班会准备、班会实施，到班会总结等过程尽量让学生人人参与，甚至要引入学校、家庭、社区等多方资源，将家长作为特邀嘉宾请进班会课堂。可以采用学生主持、问卷调查、观看视频、诗歌朗诵、舞蹈表演、情景模拟、美食制作、现场游戏、集体宣誓、感悟分享等形式。此外，班会课的场地选择也要灵活，譬如体育运动教育可以走出教室走到操场；爱国主义教育走出校园走进场馆；甚至像首届全国班主任基本功展示交流典型经验中秦奕洁老师那样，带着学生走上三门峡大坝。

在主题班会中，不管怎样创新，都不能忽略一个基本原则——要让所有的学生都参与进来，并确保每个人都有机会表达自己的观点，增加互动性。这样班会才能达到最佳效果。

三、要实效深入（实）

实效深入性原则，对德育工作追求切实效果的基本要求，表现在三个方面：效果好（反映在学生思想品德上）、效应高（反映在德育质量效果上）和效益高（反映在对社会作用的后果上）。要求做到：①德育决策者和德育实际工作者充分认识德育的实体地位，全面认识德育功能；②德育目标的制定和层次划分要切合社会要求和学生思想、心理实际；③德育内容整体化、序列化、规范化，即有明确的德育大纲、配套教材和学生日常行为规范；④德育途径系统化和社会化，即形成学校内部齐抓共管，及学校、社会、家庭三结合的德育网络；⑤建立、健全科学的德育评价模式、理论和操作手段。而作为一节深度体验型主题班会的实效性原则主要体现在三个方面。

（一）要实现全体的主动参与

班主任在教育过程中，必须彻底摒弃传统的灌输和说教的模式。这种模式往往会导致学生对德育活动产生抵触情绪，无法真正理解和接受其中的道理。因此，班主任应该给学生更多的体验空间，让他们在实践中去感受和理解德育活动的真谛。

同时，班主任还需要调动学生对德育活动过程的兴趣。这需要班主任运用各种教学方法和手段，如情境模拟、角色扮演等，让学生在参与中体验到乐趣，从而提高他们对德育活动的积极性和主动性。

此外，班主任还要切实发挥学生的主体地位作用。每个学生都是一个独立的个体，他们有着自己的特点和优势。班主任应该尊重学生的个性，充分发挥他们的主观能动性，尽最大可能让每个学生都参与到活动中来，让他们在德育活动中发挥出自己的特长和优点。同时，班主任还需要尽量避免出现少数人在动在忙、多数人成为"看客"的传统班会课模式。

（二）要实现全体的互动交流

在每一次的班会体验活动结束后，我们都要鼓励学生进行分享交流，让他们有机会表达自己的观点和感受。提供一个平台，让学生有机会展示自己的思考和理解，也能够让他们在交流的过程中有所触动、有所感悟。

在这个过程中，学生可以通过分享自己的经历和感受，来理解和体验他人的想法和观点。这种互动式的学习方式，能够让学生更深入地理解到各种观点和想法。同时，这种分享交流的活动也能够让学生的情感得到升华，实现共同进步、共同成长。

（三）要真正走进学生的心灵

体验式主题班会的最终目标，是致力于深入学生的内心世界，走进学生的心灵，启迪学生的心灵，激发他们的思考和情感共鸣。通过这种独特的方式引导学生从内心深处产生对道德规范的理解和认同，进而将这种思想认知转化为实际行动。

在这个过程中，学生真正成为道德的自我建构者，他们不仅需要理解道德规范的含义，更需要在实践中去体验和实践这些道德规范。这样，他们才能真正理解道德规范的价值，从而在行为上实现从他律到自律的实质性转变。

案例3：多元整合，加深自主体验

"勇于直面挫折，开启励志人生"主题班会

【班会背景】

艰难困苦，玉汝于成。心理学家马斯洛曾说过，挫折对孩子来说未必是件坏事，关键在于他们对待挫折的态度。挫折作为人生的必修课，在核心素养的教育背景下，向学生渗透挫折教育显得尤为重要。我班的一部分学生从未真正面临过挫折，部分学生在挫折来临时不知道如何应对。为此，我设计以下班会目标，引导学生敢于直面挫折，学会自我激励，逐步形成积极、乐观、坚强的品格，开启励志人生。

【班会目标】

（1）通过整合游戏活动，让学生知道挫折是人生的常态，认识挫折的价值。

（2）通过与真实情境的整合，培养学生树立信心，在遭遇挫折时，能善待挫折，提高抗挫折能力。

（3）通过真实人物与道德讲述的整合，让学生掌握对待挫折的正确方法，战胜挫折，逆流而上，砥砺前行，开启属于自己的励志人生。

【班会准备】

搜集名人励志故事、有关励志的名人名言、素质拓展游戏、邀请励志人物等。

【班会过程】

环节一：感悟——挫折游戏切肤之痛

（1）观看"英雄人物"视频

观看后，同学们谈自我感受，让孩子们产生心灵对话。

（2）挑战素拓游戏："精神集中"

通过一人失败团体受罚，让学生体验切肤之痛，最后谈感受，引出挫折。

【设计意图】

视频与游戏的整合更能唤起学生的情感体验，这个环节我设计了观看视频和挑战游戏，让学生更深刻地感悟挫折，体验切肤之痛。

环节二：自励——叩击灵魂直面挫折

（1）课前同学们体验了护蛋游戏，邀请参与护蛋游戏体验的学生谈谈自己面对挫折时的心理感受。

（2）从小到大，你经历了哪些挫折呢？

学生在小组内交流遇到相似的经历，分享自己在学习上和生活中遇到挫折时处理得较满意的事件。

（3）面对生活中的这些情景，我们该如何面对？

① 努力了很久，但学习成绩始终没有进步。

② 在课堂上做小动作被教师大声批评教育。

③ 和好朋友一起参加学校播音员选拔，她入选了，而我没有。

当这些事情发生在你身上时，你是否会产生挫败感？此时你会有哪些想法？请将这些想法写在纸上，小组讨论后进行汇报交流。

【设计意图】

真实情境的整合更能直击学生的内心感悟，让学生大处体验、小处感悟，培养学生在实际生活中勇敢战胜挫折，逆流而上的品格。学会如何面对挫折，并总结更多面对挫折的方法。

环节三：共鸣——战胜挫折逆流而上

（1）邀请老党员讲中国共产党奋斗史中的励志故事，唤起大家的励志之心。

（2）播放视频《百年党史》。

学生观看后畅谈感受。

【设计意图】

真实人物与道德讲述的整合更能引发学生的自我思考。这一环节培养他们学习共产党员勇于面对挫折的精神，开启为中华民族伟大复兴而不断奋进的伟大情怀。

环节四：思索——砥砺前行创造奇迹

（1）填写励志卡，送给身边的朋友，学会传递正能量。

（2）全班共同进行励志宣言。

【设计意图】

让学生学会自励，善待挫折，才能精进自己，创造奇迹。

课堂总结："长风破浪会有时，直挂云帆济沧海。"成长的道路上有阳光、有风雨，希望同学们勇于面对挫折、善对挫折，让挫折成为成长的阶梯，开启属于自己的励志人生！

【班会延伸】

（1）寻找身边挫而不折者，在班级内评选出"战挫小英雄"。

（2）开展"励志故事我来讲"讲故事比赛。

（王 蕾）

【评析】

整合多方资源，加大体验深度

在整个班会设计中，有时候单一资源或者单一模式不能很好地起到有效教育的目的。所以，我们经常会整合多方资源、加大学科融合力度，从而提升德育效果。这节班会设计在资源整合方面做得非常到位。

（1）双"主"地位的整合。整个设计把德育过程的学生主体地位和教师的主导地位很融洽地整合在了一起，既有系统的学生活动，又有教师准确到位的总结提升，整节课必定会非常具有实效性。

（2）与真实情境的整合。老师由课前护蛋行动的准备开始，引发学生讲述自己遭受挫折的故事，弥补了课堂时间不足，运用活动链，引发学生深入体验思考，创新而富有意义。

（3）与校外资源的整合。老师通过安排几位同学利用周末排练情景剧，并邀请老红军到场，向大家讲述中国共产党奋斗史中的励志故事，引发学生道德意志的产生。

总之，多元的整合将学生自身和中国共产党奋斗史中的励志精神深度融合，让学生在主动、互动的体验中将挫折教育融入了心灵，实现了自我成长，具有很强的实效性。

第四节　转换感悟（意）

　　主题班会是一种在班主任指导下，由学生自己组织开展的自我教育活动，是班主任对学生进行思想教育的重要方式和途径，可以提高学生的综合素质和实践能力，促进学生的全面发展和自我实现。为此，在深度体验型主题班会设计的重要环节，一定要把对身边人、身边事的主体体验转到自身的道德意志产生上来，才能使主题班会的目的和意义更明确、更有价值。这种转换自身主要包含了三个层面的内涵。

一、自身亲体验

　　"人是目的而不是手段。没有任何一种东西，可以高于人来作为目的去追求，不管它打着什么旗号。"不管我们前边进行了再多的体验活动，如果不能立足"人"的基本需求来设计下边的活动，那么整节主题班会课便会失去其大部分意义。

　　所以，深度体验型主题班会不是要求学生进行大量的体验就可以了，而是建立在教师的设计是否真正地站在了学生本位，是否真正地从学生自身出发，和学生自身的实际生活建立连接，帮助他们解决生活中真实出现的一些问题。自身体验环节的活动形式和活动方法与前一环节基本相同，甚至可以借用前边的所有形式来进行体验。但到了这个环节之后，主题班会的设计要实现体验活动的角色转换，一定要回到学生本身中来，从"别人怎么做"到"我们怎么做"，回到和学生有关的真实情境中来，回到能够促使他们自我意志提升的体验中来，这样的体会才会更深刻，更能引发他们对于自我的思考。

主题班会的设计理念可以从以下方面考虑

（1）主题明确：班会的主题应该明确，中心思想突出，以便于学生和老师有针对性地开展活动。

（2）互动性强：班会应该注重学生的参与和互动，让学生能够通过各种形式的活动，如演讲、讨论、表演等，充分表达自己的想法和感受，同时也能更好地理解和尊重他人的观点。

（3）教育性强：班会应该具有一定的教育性，能够让学生在参与活动的过程中获得一定的知识和启示，促进学生的自我认知和自我教育。

（4）多样性：班会应该具有一定的多样性，可以包括不同的活动形式和内容，如主题演讲、小组讨论、文艺表演等，以便于满足不同学生的兴趣和需求。

每一条班会设计的理念都直指学生本身的发展，直指学生自身的成长，所以主题班会的设计效果的关键在于能否很好地转回学生本身上来。

案例1：亲身体验，才会有效关联

主题班会："直面挫折快乐成长"

【活动背景】

心理学家马斯洛说："挫折对孩子来说未必是件坏事，关键在于他对待挫折的态度。"家长与其一辈子替孩子遮风挡雨，不如让孩子自己去面对人生中的风雨。如今的孩子都是在父母长辈的重重呵护下长大的，极少经历挫折。小学中、高年级学生身心发展正处于半幼稚、半成熟的阶段，主观意识增强，比较情绪化，稍稍经历一些小挫折，便难以接受、情绪低落。最近，班级内的孩子对什么事都不敢尝试，害怕竞争，害怕失败，缺乏自信心。结合班级实际情况，设计开展"直面挫折快乐成长"主题班会。

【活动目标】

（1）通过游戏体验、辩论活动，正确认识挫折。

（2）通过观看视频、小故事、小组合作等活动，让学生掌握对待挫折的正确方法，增强挑战勇气和信心。

（3）通过视频、名人故事和写格言卡等活动，让学生学会以乐观积极的心态去面对挫折，形成正确的挫折观和积极向上的人生观。

【活动准备】

（1）调查身边同学与挫折抗争的故事；收集名人的挫折故事和名言。

（2）小组长带领组员准备"挫折是否有利于成长"的辩论。

（3）格言卡、漂流盒、视频、小故事等。

【活动过程】

活动一：热身游戏，引出挫折话题

出示"鸡蛋变凤凰"游戏规则：以组为单位，通过猜拳的方式两两对决。赢者升级，输者降级，直到决出第一个凤凰。

活动二：开展辩论，加深挫折认识

对于"挫折是否有利于成长"这一问题，咱们小组内辩一辩。正方的观点是挫折有利于成长，反方的观点是挫折不有利于成长。大家积极准备资料，展开激烈的辩论吧。

师总结：大家理由充分，辩论激烈，说得都有道理。的确，挫折是一把双刃剑，我们需要用辩证的眼光来看待。

活动三：故事引入，唤醒挫折意识

师：快速浏览这则小故事，思考问题"蝴蝶最后为什么死了？"

师：同学们都能结合故事来谈感受。破茧虽痛，却是成蝶的必经之路；挫折虽痛，但它是人生必需的"补品"，希望同学们都能敢于直面挫折。（板书）

活动四：多种方式，直面人生挫折

（1）师：请看视频《小欣怎么了》，小欣遇到了什么挫折？她的心情怎么样？

（2）师：同学们，遭遇挫折是很寻常的事，写一写自己遇到过最受挫的事情吧！当时你是怎样对待的，结果如何，并放进教师给每组准备的挫折漂流盒中。

（3）读一读：这是近期网上热门的博士论文致谢词。我们刚才写了自己人生中最受挫的事，又读了博士论文致谢词。对比起来思考，我们应该以什么样的态度去面对挫折，才能战胜挫折？你第一个举手，相信此刻的你对挫折一定有了更深的理解。谁有补充？

师：理解真深刻！希望同学们都能直面挫折，做生活的强者。

活动五：善待挫折，笑迎美好未来

（1）继续观看视频《小欣怎么了》，看看视频中教师、同学、家长分别运用了什么方法帮助小欣应对挫折。

（2）师：接下来请同学们拿出挫折锦囊卡，快速勾选出视频中教师、同学、家长帮助小欣用到的方法。

（3）师：除了以上方法，你还有什么方法可以帮助小欣应对挫折？

（4）师：一起来看我们眼中的名人都遭遇了什么挫折，又是如何对待挫折的。（课件出示：名人遭遇挫折）

（5）师：想不想看看这些令人敬仰的名人，他们是怎么想的？面对挫折，他们可以，你们也可以！请为自己制作一张格言卡，写上一句属于你的名言，来鼓励自己直面挫折、战胜困难！

活动六：课堂总结，推荐阅读书籍

师：人的一生不可能没有挫折。有的人历尽磨难，终成大业；有的人屡屡受挫，一蹶不振。成败的关键就在于直面挫折的应对上。当遭遇挫折，成功在左，我在右！让我们手牵手一起战胜挫折。全班齐唱《左手右手》。

师总结：同学们让我们直面挫折，做生活的强者；让我们善待挫折，战胜挫折，相信生命会因挫折而更美好！

【活动后跟进行为】

制作挫折记录卡，记录生活、学习中遇到的挫折以及解决办法。

【反例评析】

在这个主题班会中，老师看似在一直带着学生进行抗挫能力的训练，活动形式丰富多样，有游戏、视频、辩论等，也是引领学生在进行自身的体验，但是整节课效果不佳，原因是什么呢？教师一直在用身边的人和事引导学生感知、悟情、生志、践行……整篇设计都在围绕"她该怎么办""你有什么办法可以帮助她"等内容设计活动，没有和学生的自身进行有效的关联，就解决不了学生真实的问题，所以这样的设计是不成功的。

【活动修改】

可以对活动过程进行这样的修改。

活动一：**热身游戏，引出挫折话题**

（1）出示"鸡蛋变凤凰"游戏规则：以组为单位，通过猜拳的方式两两对决。赢者升级，输者降级，直到决出第一个凤凰。

（2）谈感受，认识挫折。想一想什么是挫折。

活动二：**开展辩论，加深挫折认识**

（1）师：请看视频《小欣怎么了》，小欣遇到了什么挫折？她的心情怎么样？

（2）师：同学们，遭遇挫折是很寻常的事，写一写自己遇到过最受挫的事情吧！当时你是怎样对待的、结果如何，并放进老师给每组准备的挫折漂流盒中。

（3）对"挫折是否有利于成长"这一问题，请举生活中的例子辩一辩。正方的观点是挫折有利于成长，反方的观点是挫折不有利于成长。

师总结：大家理由充分，辩论激烈，说得都有道理。的确，挫折是一把双刃剑，我们需要用辩证的眼光来看待。

活动三：**勇面挫折，笑迎美好未来**

（1）继续观看视频《小欣怎么了》，看看视频中老师、同学、家长分别运用了什么方法帮助小欣应对挫折。

（2）师：接下来请同学们拿出挫折锦囊卡，快速勾选出视频中教师、同学、家长帮助小欣用到的方法。

（3）师：除了以上方法，你还有什么方法可以帮助小欣应对挫折？

（4）随机抽取挫折漂流盒中的挫折内容，大家一起运用刚才的方法来帮助他们。

（5）师：请为自己制作一张格言卡，写上一句属于你的名言，来鼓励自己直面挫折、战胜困难！

【对比解析】

这一版的设计更关注学生自身，"将自己的挫折放进漂流盒""举自己生活中的例子辩一辩""运用方法解决自身问题""为自己写抗挫格言"……学生有了亲身的体验，才会有更为深入的思考，整个班会过程才会更有效。

二、主动自建构

德育的主动建构理论强调德育的主体性和主动性。该理论认为，学生是德育的主体，而不是被动的接受者。学生应该主动参与到德育过程中，通过自我反思、自我管理和自我教育来实现自我提高和价值实现。深度体验型主题班会更应该注重学生的自我教育，相信每一个孩子都具备一定的道德判断力、价值判断力和自我教育能力，能够自主选择正确的价值观和道德行为标准。

在"我和网络用语有个约定"主题班会中，在"转换自我"这一环节，教师设计了以下几个环节：①畅所欲言说看法。聚焦学生在书面中使用网络用语的问题，引发学生思考，让自己明白使用网络用语时要注意场合。②通过模拟真实的生活情境，引发学生明白使用网络用语时要注意对象。③感受中华语言美。通过网络语言和中华传统诗词的对比来感受中华传统文化之美。④向高雅语言看齐。小组讨论，自己该怎么做，齐颂诗歌表决心。整节班会课，教师都紧紧围绕学生德育的主动建构设计了一个又一个活动，取得了良好的效果。

上述教学设计中，第一个环节的素材来源于学生的自身生活，直接把学生拉回了自身，激发了他们参与活动的兴趣；紧接着模拟学生日常的真实情境，让他们在笑声中参与到自身体验中去；第三环节，一句网络用语，一句传统诗词，两者贴近学生的生活，让他们打心眼里爱上传统文化，形成自己的价值观。最后的小组讨论，齐表决心，引发学生道德意志的主体建构、主动建构，这样的体验才有效。"推进体验"环节更强调以活动唤醒情感共鸣，"转换感悟"环节更突出结合学生生活引发他们主动的反思与道德建构，以下列举了两者在目的、途径和活动形式上的不同之处（表4-4-1）。

表4-4-1

环节	推进体验	转换感悟
活动目的	唤醒情感共鸣	提升道德意志
活动途径	身边人，身边事	转到自身思考
活动形式	图片视频法（身边人是怎么做的）	图片视频法（我们是怎么做的）
	邀请嘉宾（优秀人物讲述故事）	邀请嘉宾（自己讲述实践体验感受及成果，邀请学生的家人、老师等身边的人物讲述"我们的故事"）

续 表

环节	推进体验	转换感悟
活动形式	现场体验（互动游戏、场景模拟指向"是什么"和"为什么"）	现场体验（互动游戏、场景模拟指向自己"怎么做"）
	辩论演讲（一件事情的对错）	辩论演讲（这件事情我的思考）
	讲授讲解、报告讲座	电话连线、远程参与

"走近儿童，走近些，再走近些"，提升主题班会实效性的策略之一就是坚持儿童立场，无论是教学设计还是课堂教学，都应关注学生的真实生活、问题和心理，引发他们进行道德意志的自我建构。

三、自我真反思

德育水平的建构应该注重学生的自我反思。通过自我反思，学生能够深刻理解自己的思想、情感和行为，发现自己的不足之处，并寻找改进的方向。在主题班会课堂上常用的引发学生自我思考的方法有以下几种。

（1）填写反思卡片：在环节快要结束时，在卡片上记录下自己的行动意愿，比如梦想卡、心愿卡等。

（2）开展小组互动：可以与同学或朋友进行小组讨论，分享自己在班会中的感受和收获，并听取他们的观点和建议。

（3）制订个人行动计划：根据班会的主题，制订个人行动计划，这个计划可以包括自己打算在哪些方面改进、怎样行动等。

（4）与教师、家长进行交流：可以与教师、家长现场或在线分享班会中的体验和反思，并听取他们的意见和建议，让他们给学生提一些新的视角和建议。

（5）辩论演讲：通过现场组织对主题的深刻辩论或主题演讲，引发学生深入思考，产生强烈的行动意志。

主题班会应该培养学生的自我反思能力，让他们自主发现和解决自身存在的问题。这样，学生才能在实践中不断提高自己的道德素养，成为有责任感、有担当的人。所以在每次体验之后必须有一个进行自我反思、团队分享、自我建构的过程，以讨论、反省促使意志的产生。这和"学习体验圈"的理论不谋而合。

案例2：转回自我，教育才有价值

"你因梦想而美丽"主题班会

【活动背景】

习近平总书记强调，新时代是追梦者的时代，也是广大青少年成就梦想的时代。青少年要心系祖国、志存高远、脚踏实地，在奋斗中创造精彩人生，为祖国和人民贡献青春和力量。

六年级的学生身心发展正处在由幼稚趋向自觉，由依赖趋向独立的半幼稚半成熟交错的矛盾时期，同时也是树立梦想的关键时刻。

通过近期对我班学生的观察和交流，发现我班的学生品性纯朴，但学习上不是太主动，缺少动力，有的学生荒废时间、没有目标。针对这种情况，特召开"你因梦想而美丽"的主题班会。

【活动目标】

（1）通过看视频、讨论交流等活动，让学生明白梦想是人前进的动力，有梦想，才能取得成功。

（2）通过游戏、活动，让学生理解实现梦想需要坚持，需要努力，需要积极探索。

（3）通过听寄语，进社区，谈想法，让学生践行梦想，树立符合实际、具体可行的梦想。

【活动准备】

（1）提前下载"世界大学生运动会"中万米冠军夏雨雨的比赛视频。

（2）让学生提前搜集有关名人为梦想奋斗的故事，并准备好课上分享。

（3）提前邀请家长对学生进行成长寄语视频录制并制作成视频。

（4）提前安排学生和家长一起走向街道，走进社区，去采访不同岗位上人的梦想，并做好视频采集和制作。

（5）邀请嘉宾进行现场说法。

【活动过程】

活动一：看视频，谈想法感梦

（1）播放"世界大学生运动会"中万米冠军夏雨雨的比赛视频。（学生谈感受）

夏雨雨说：我要把冠军留在中国的大地上。（学生谈自己对她所说的话的感想）

（2）全班分享课前搜集的有关名人为梦想奋斗的故事。

梦想是灯塔，指引人生前进的方向，照亮人生前进的路程。一个没有梦想的人，就像鱼儿离开了水，就像鸟儿没有翅膀。没有梦想，就没有坚定的方向；没有坚定的方向，就没有生活。那么，什么是梦想呢？

（3）班级讲解"梦想汉字的由来"，交流"梦想怎么理解"。

活动二：做游戏，去体验知梦

（1）游戏"一颗种子的梦想"，全班同学参与。

（2）游戏规则：游戏开始每个人都是蹲着的，代表种子，然后两两猜拳，赢者由蹲着变成半蹲，表示由种子变成了花苗，输者仍然是种子。随后同类找同类猜拳，种子赢了变花苗，花苗赢了变盛开的花朵，由半蹲变成直立并舞动双臂，输者降级。盛开的花朵猜拳时，赢者将变成观察员，站在圈外观看。当剩下少数几个种子时游戏结束。

（3）游戏结束后让学生采访还是"种子"的几位同学和已经变成花朵的部分同学分别谈谈自己的感想。

（4）小结：尽管我成长得比较慢，我总是落在别人的后面，但我知道我是一朵花，就像花朵是这些种子的梦想一样，只要坚持不懈，就会有盛开的那一天。

活动三：进社区，邀嘉宾寻梦

（1）伟大的人有伟大的梦想，一颗小种子有自己开花的梦想，梦想让我们的人生变得更有价值，社会上有那么多平凡的人，他们的梦想是什么样的呢？我们一起来看一看同学们找寻到的平凡人的梦想都是什么，为了自己的梦想他们又在如何努力着。（播放学生和家长走进社区的采访视频并让学生谈感受）

（2）就算再平凡的人也有自己的梦想，不管梦想或大或小，他们都在为这个梦想而奋斗拼搏着，今天我们邀请到了咱们学校走出的清华学子李兆鑫，请大家听一听咱们的学长为梦想拼搏奋斗之路上的故事吧。（邀请清华学子李兆

鑫到班级进行现场发言）

（3）谈感受，让学生在心愿卡上书写自己的小目标和大梦想。

活动四：听寄语，谈做法追梦

（1）播放家长提前给孩子们的未来寄语。

（2）结合自己的梦想谈一谈自己要实现自己的梦想准备怎样做。

（3）在《梦想家》的音乐声中，学生把自己的梦想卡片分别放到小梦想和大梦想的梦想盒子中。

【班会小结】

只有你们强大，国家才能强大；你们进步，国家才能进步。让我们在最后一起朗诵《少年中国说》。

【活动后跟进行为】

"梦想"二字不是喊喊口号就可以的，为了持续跟进学生的梦想的建设，将从以下四个活动来推进学生的梦想的建立和实现。

活动一：每位同学设计"梦想起航"手抄报并在班级布置黑板报。

活动二："说一说你的心愿"活动，每周从心愿箱中抽出两到三名同学的梦想卡片，邀请抽到的同学和班级同学分享自己的心愿。

活动三："走进我心中的名校"研学活动，利用节假日组织班级学生一起进行"走进名校"研学活动，激发学生向上的动力。

活动四：定期召开家长课堂，与家长就"小点滴，大梦想"进行研讨沟通。家校合作，共育成长。

（王 寒）

【评析】

作为一节深度体验型主题班会，前两个环节主要通过身边的人——万米冠军夏雨雨，身边的故事——名人为梦想奋斗的故事和一个关于梦想的游戏，引领学生实现了从认知（了解梦想）到融情（唤醒梦想）的过程。如果在第三个环节，我们的设计依然停留在身边人和身边事的基础上，那整节班会课的教育意义将大打折扣。所以，在第三个环节，老师设计思路一转，"伟大的人有伟大的梦想，一颗小种子有自己开花的梦想，梦想让我们的人生变得更有价值，我们该怎么样去做呢？"立马把体验活动拉回到了学生的自身。紧接着通过自身的体验：进社区，学生和家长走进社区采访；邀嘉宾，邀请本校清华学子李兆鑫给大家谈梦想。彻底点燃了现场，引发了学生对梦想的自我反思与自我建构，这样的教育才有了价值和意义。

建构主义的学习理论在接受学习和发现学习的基础上提出并强调了支架式教学。这种教学模式旨在通过教师的帮助（支架）把管理学习的任务逐渐由教师转移给学生自己，最后撤去支架。而在"转换感悟"这一环节，我们为学生提供的提升道德意志的主要支架是"学生的真实生活、问题和心理"。依托于此，我们与学生之间便搭起了一座桥梁，这座桥梁直通学生道德行为的彼岸。

第五节 提升总结（行）

在班会的最后，总结环节是一个至关重要的部分，它能够帮助学生回顾本次班会的主题，明确学习目标，同时也能对班会的效果进行评价和反思。这一程序，主要包括两个主要的步骤。

一、启发引导，梳理归纳

通过对所提出问题的分析，充分启发、引导学生，让学生自己得出答案。教师对学生的体验感悟进行归纳，梳理出核心观点，努力形成体系，并在此基础上进行提升，常用的有以下几种方法。

（一）归纳式

在主题班会结束时，教师引导学生回顾整个班会的内容，让学生以简明扼要的语言进行总结，以此来归纳和巩固班会中获得的知识和经验。

我已亭亭，不忧亦不惧——小学高段责任教育主题班会

活动：一心一意负责任

有责任，有担当，青春才会闪光。新时代的青年生逢盛世，肩负重任，正在书写更多的责任故事。下面有请每组派出代表讲述小组推选的责任故事，说一说什么是责任。

小组一：暴雨袭京冀，抗洪子弟兵在风雨中托举起人民的责任。

小组二：列车员赵阳，面对暴雨中滞留的乘客，责任便是一句"穿了这身衣服，我得对得起大家"。

小组三：中国救援队驰援土耳其，用行动守护生命，展现救援力量的专业

和责任；一场场以爱之名的奔赴，彰显大国风范和担当。

教师：我们如今已经是亭亭少年，作为家庭的一员，社会的一分子，作为国家的一个公民，我们要勇于担当，不忧亦不惧。当每一位中华儿女都勇于担当责任之时，一个繁荣昌盛的国家将崛起于世界的东方。最后，我倡议：全班齐诵《少年中国说》节选，结束今天的班会。

这一过程，教师在进行引导提升总结的时候，着重采用了"归纳式"和"提升式"相结合的方法，由学生通过学习体会责任的内涵，到教师提升总结后的升华，引领学生深入地走进了主题，产生行动的意识。

（二）提升式

教师引导学生将班会中的内容进行拓展和深化，以提升学生的行动意向。

1. 生命内涵

师：你能用"生命"说一句话吗？

生：生命非常伟大，也非常脆弱，我们要好好地珍惜。

生：生命只有一次，人生也只有一次，未来如此美好，我们要拥抱生命，走向美好。

师：说得真好。生命如此珍贵，让我们一起看看关于生命的感悟。（出示《生命的最后一秒》《假如再给我一次生命》《生命，生命》片段）

2. 生命思考

师：通过这节课，你有什么收获和思考？

学生纷纷表示，原来经历了失去以后，才觉得现在是多么重要，才明白生命的意义，我们要珍惜只有一次的生命。

3. 生命承诺

师：对生命，你有什么承诺？

生：我要好好珍惜生命，好好爱护自己，爱护家人、同伴。

4. 生命感悟

很震撼，一个无臂的刘伟，通过自己的努力，竟然用脚弹奏出如此优美的钢琴曲。只要努力，并且坚持，就没有什么事情是做不到的。生命是宝贵的，是不可能重来也不能删减的，珍爱生命，我们要珍惜现在的美好生活。

这个环节教师通过"生命内涵""生命思考""生命承诺""生命感悟"，四个层层递进的环节，引领学生结合主题逐步提升自己的思考，形成自己关于生命的深入体悟。

（三）表演式

在主题班会结束时，教师引导学生通过表演等形式来展示班会中获得的知识和经验，以此培养学生的行动表现力和自信心。

经历模拟，删减生命的游戏

1. 删减生命游戏

师：生命如此美好，真是令人向往。你们知道吗，其实，人的生存并不一帆风顺，会受到自然灾害、疾病、意外事件等外界不可抗拒力量的影响，有时还会受到自身的一些莫名其妙的原因的影响。

师：由于地球环境急剧恶化，海水遭受到了核污染，疾病在蔓延，中年的你不幸感染，在痛苦中你选择了放弃，你的生命停滞在了中年。这样，你就不能经历老年时光了，请你删去老年，同时也删去老年所要实现的愿望。

师：说说你此刻的心情。

师：由于青年的你害怕辛苦，学习和工作总是不愿付出太多，抱怨成了你唯一的理由，抱怨生活"不平"，抱怨命运"不公"。最后，你在碌碌无为、郁郁寡欢中选择了放弃，你的未来停滞在了青年，放弃了去经历中年的时光。请你删去中年，同时也删去中年所要实现的愿望。

师：在你少年的时候，由于某些原因与父母或他人发生了分歧，你愚蠢地选择了对抗和放弃，你的生命停滞在了少年，因此你失去了经历青年的权利了。请你删去青年，同时也删去青年所要实现的愿望。

师：请大家谈谈感受。你愿意就这样不断地删减自己生命的旅程，让你的生命阶段一个个离你而去吗？你有什么感想与大家分享呢？

学生一致表示，不愿意这样删减自己的生命，要好好地珍惜生命，勇敢地面对生活，赢得生命的精彩！

师：我们不能让自己的生命停留在不该停留的地方。生命之旅，不可删减。

共同小结：生命旅程，不可删减。

2. 未来角色模拟

自我角色模拟，模拟老年的自己与中年的自己或青年的自己进行对话。

多重角色模拟，让几个学生分别模拟同一个人的童年、少年、青年、中年和老年，开展跨时空的对话。

师：你们看到了什么？

生：大家都在抱怨自己的过去，责怪以前的自己为什么那么不努力！

师：是呀！谁都不愿意在不断埋怨过去中走向自己的未来。你有什么感想跟大家分享呢？学生回答。

共同小结：生命旅程，不可删减，做好现在的自己，珍惜现在，收获美好的未来。

这一环节通过开展"生命游戏"、模拟"未来角色"等，让学生在表演中深入体悟活动所表达的内涵，从而引发自己更好地行动。

（四）撰写式

教师引导学生将班会中的内容转化为文字，写一篇文章或者心得体会，以此来巩固学生对班会内容的理解和记忆。

《小小挫折我不怕》主题班会

活动：学以致用，战胜挫折

（1）重新面对经历

师：请大家对照一开始的"挫折温度计"表格，运用刚刚学习的方法，填写第二行的"我还可以这样做"，当重新遇到当初的挫折时，想想有没有更好的方法，再次评估"挫折温度计"（表4-5-1）。

表4-5-1

挫折温度计		
遇到的挫折	当时的感受	挫折温度计（1—10）
	我还可以这样做	挫折温度计（1—10）

（2）写一句战胜挫折的专属格言。

（3）欣赏歌曲《阳光总在风雨后》。

总结：同学们，困难是欺软怕硬的，你越畏惧它，它越威胁你，你越不把它放在眼里，它越对你表示恭顺，希望同学们把挫折看成我们成功的垫脚石，微笑着去迎接美好的未来。通过今天的课，我们认识了挫折在生活中不可避免，掌握了面对挫折三部曲，分别是正确归因、宣泄情绪、积极行动，相信我们能够战胜挫折，成为更强大的自己。最后，送大家一首歌曲《阳光总在风雨后》，希望同学们遇见挫折时，让挫折成为成长的礼物，勇敢面对生活中的风风雨雨！

（张　茜）

这个总结，教师通过撰写表格，撰写战胜挫折的专属格言，引发了学生对于主题的深入认识，从而形成自己的行动思考。

二、宣誓立志，主动践行

教师通过前期学生所学所思，提出他们今后努力的方向，并引领他们进行积极的宣誓践行。常用的方法有宣誓、撰写意愿书、张贴意愿树、条幅签字、后续践行等形式，从而引发学生参与行动的决心。

宣誓。通过庄重的宣誓仪式，学生可以明确自己的目标，并对自己的承诺负责。这种方式可以帮助学生建立自我约束和自我激励的能力。

撰写意愿书。学生可以在意愿书中详细描述他们的目标和计划，以及他们打算如何实现这些目标。这种方式可以帮助学生更深入地思考自己的目标，并提高他们的自我规划能力。

张贴意愿树、条幅签字。意愿树是一种象征性的物品，上面挂满了学生的承诺和目标。条幅签字则是学生用笔在横幅上签名，表示他们将坚持自己的承诺。

关注学生的后续践行情况。定期与学生进行交流，了解他们的进展，并提供必要的支持和帮助。这种方式可以帮助学生保持动力，坚持信守自己的承诺。

总的来说，通过这些方法，教师可以引发学生参与行动的决心，帮助他们明确目标，制订计划，并坚持执行。尤其是在班会的总结提升环节，教师通过"宣誓""签字""后续跟进活动"等，让学生自我总结得更有深度，更有层次，引发学生产生后续行动的动力，将行为习惯带入生活，带入自己的日常生活中。

第六节　实践跟进（跟）

主题班会后跟进行为，是指在班级集体活动中，针对特定主题进行讨论和交流之后，对于学生在班会中所表达的观点、想法以及提出的建议，教师或班主任需要采取相应的措施来跟进和落实这些行为。

体验式学习理论强调实践中的体验和反思，认为个体在实践中获得的体验是学习的重要资源，而反思则是将体验转化为知识的重要过程。这些理论与思想都强调了实践在教育和学习中的重要地位，认为个体应该通过实践活动获得真实感受和经验，进而促进自我发展和知识技能的掌握。为了让后续跟进行为更加有效，我们将实践活动与后跟进行为相结合，让班主任更好地了解学生的需求和期望，了解他们道德水平提高的层次和维度，从而为他们提供更加精准和有针对性的指导。我们提出了三种常规的后跟进实践活动。

一、实践体验

实践体验，即参与与主题有关的相关实践，如参与劳动、公益活动、参观博物馆等，从而丰富自己对于主题的认知，实现从知到行的转变。

为见证你们的成长，今后我们可以把自己生活中拒绝"躺平"的事情记录下来，做一个阳光向上、积极乐观的新时代好少年。拒绝"躺平"行动记录卡如表4-6-1所示。

表4-6-1

时间	遇到的问题	当时的心情	尝试解决问题的方法	问题顺利解决后的心情	自我评价 ★★★

这是通过撰写行动记录卡，合理安排自己未来的计划，来进行深度的体验。

一位教师在"珍惜时间"主题班会结束后，引领学生开展了以下三个后跟进行为：体育锻炼——给生命加"长度"；拓展阅读——给生命增"厚度"；公益活动——给生命加"温度"……增加了后续进行体验的长度与深度，让主题班会更有效。

二、学科活动

学科活动，即通过开展相关的学科内活动、学科间活动、跨学科活动，扩大实践的层次，来丰富学生的体验。

（一）学科内活动

立足学科教育进行后跟进，是对国家课程的创造性实施。要深入地挖掘语文、数学、英语、道法等国家课程中的育人因素，让每一门学科都充满着浓浓的育人气息。而作为学科教师，也应当立足于学科德育，发挥创造力，充分开展德育活动，通过优秀诗词吟诵、数学科技小报、英雄人物宣讲、传统文化剪纸等，立足课堂，走出课堂。

（二）学科整合类活动

跨学科整合通常以主题学习的形式展开，通过围绕一个特定主题，融合多学科中共同的育人因素，形成持久的育人效果。如在"感恩党"主题班会的后跟进活动中，"党的故事我来讲""诵读红色诗词""红色书籍展示会""爱党画卷我来绘""红色竞赛我参与""红色历史我宣讲"，各个学科的深度融合加深了学生对于党的认识和感激。

学科整合类课程强调真实情境的创设，通过创设贴近学生实际生活的情境，让学生在生活中，或者接近生活的场景中深度体验，从而实现德育的进阶。如建党日创设"我为党的生日献礼"这一真实的情境。学生充分利用自己的特长，或唱或跳，或说或演，或写或画，或调研或实践，用综合的形式，在一系列充满情趣的探究实践活动中，加深了对党的热爱与认同。

学科的整合立足挖掘学科间相同的德育因子，通过主题的方式将德育培养目标渗入其中，增加了感悟的数量及程度，让德育效果深入持久。

（三）学科发展类活动

学科发展类活动即后跟进活动中将学科知识与活动实践育人进行整合，将学科与社会生活进行结合，将管理经验和家校社一体进行整合，从而超越学科，实现一体化育人。"学科+活动实践"通过把学科中的德育因素放入社会实践中，放入主题活动中，通过学生自主设计主题、自主参与活动、自主进行体验、自我进行评价，让德育效果加深加强，涵养学生品德；"学科+社会生活"是将学科德育放入生活大熔炉中，让学生在生活中践行，在生活中丰富德育体验，获得德育升华；"管理经验+家校社一体"是站在管理协同的层面，用超越学科的方式，将德育培养融入家校社一体化推进，通过多种方式提升学生的德育水平。

通常的呈现更多的是以上三种形式的结合，如在"用中医药守护生态文明"班会的后跟进主题活动中，"绘百药""讲百医""学名医""制药囊""行药礼""秀药舞""讲药理""唱药歌""演太极"……围绕"保护生态"特定的道德品质的培养，将校本课程与实践活动、社会生活、家校社一体进行连接，引领学生在真实情境中开展深度、跨界、有价值的德育体验，将家校社各项资源进行深度整合而开展的实践类、活动类、研究类、审美类、劳动类项目，促使他们德育进阶。

后跟进行为中的学科内德育实践、跨学科主题活动、学科外生活实践，这是孩子们每天面对的日常，是最简单却最有实效的学习方式，将学科学习与孩子的生活、与孩子的道德成长紧密地融合在了一起，实现了一体化育人的新格局。

三、序列活动

其他围绕主题开展的后跟进行为——系列团队活动、素拓活动，周期可以是一周、一月、整年等。如我们在推进落实"仁爱"主题时的后跟进行为，先对"爱在春天"主题学习根据年龄特点细化成低、中、高三个学段，再细化为12个主题，每个学段4个主题，分别是：低段"我知道的春天""我眼中的春天""我笔下的春天""我拥抱的春天"；中段"春与生命""春与文化""春与希望""春与我们"；高段"春天的那些人""春天的那些物""春天的那些事""春天的家国情"。然后，把这12个主题板块，再细化为48个具体的子项目，如低段"我眼中的春天"细化为叶贴画、蜡笔画、摄影展和现场展示；再如中段的"春与文化"细化为春天的6个节气表、春天故事画册、制作灯笼及春鸡、春虎手工饰品和现场展示。每一个子项目或文字说明，或微视频讲解，或实物参照，最终形成大主题学习。

再如，将各类优质资源充分链接进后跟进行为中，活动开展做到"一月一主题"。

（1）依托传统节日。利用春节、清明、端午、中秋、重阳等传统节日，开展介绍节日历史渊源、精神内涵、文化习俗等校园文化活动，增强传统节日的体验感和文化感。如在端午节班会课后，组织开展了"粽叶飘香溢菊潭，汉风古韵满书院"主题活动，学生通过"画彩蛋""互绑五色线""缝香囊""包粽子"，吟诵《离骚》《少年中国说》和舞动"中华传统礼仪操"等活动，亲身体验端午文化的魅力，唤起学生传承传统文化的责任感。

（2）利用重大节日。利用植树节、劳动节、国庆节等重大节庆日，集中开展爱党爱国、热爱劳动、尊师重教、爱护环境等主题教育活动。

（3）选取特殊节日。在学雷锋纪念日、建党节、九一八纪念日、国家公祭日等重要纪念日，设计开展宣讲会、手抄报展评等主题教育活动。

（4）开展仪式教育。利用开学、入队、升旗、散学、毕业等特殊时刻，开展仪式活动，对学生进行成长责任教育。

总之，后跟进行为也应该作为深度体验型主题班会的一个重要的环节，要通过开展扎实、有效的实践活动，来实现主题班会德育效果的最大化，落实立德树人根本任务。

深度准备（备），导入热身（知），推进体验（情），转换感悟（意），提升总结（行），实践跟进（跟），六个程序相互融合，相互促进，螺旋递进，共同构成了一节深度体验型主题班会的六个重要部分（图4-6-1）。

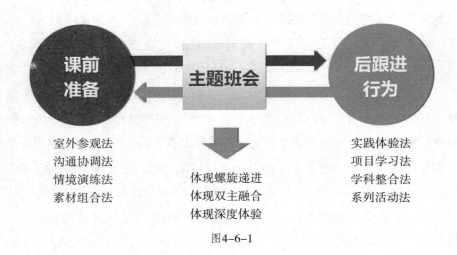

图4-6-1

　　建立在"大概念""大活动"理念基础上的主题班会，不再将学生学习的视野放在了一节课中，而是给他们提供更为广阔的天地，更为适切的体验空间，更为充分的活动长度，让体验更为深入。通过这样的班会形式，学生不仅可以获得知识，更重要的是能够通过亲身体验和实践，培养自己的情感、思维和行动能力，从而全面提升自己的道德意志和道德行为。

深度体验型主题班会的五个实施要领

　　体验型理论在主题班会中的运用，主要源于体验式德育的全面展开。这种理论并非凭空产生，而是在深入研究和实践的基础上提出的。它的深度实施并非随意而为，而是有着坚实的科学理论支撑。这些理论为我们提供了新的视角和解决问题的方法，使我们能够更好地深度设计和实施主题班会。

　　我们基于"学习体验圈理论、人本主义教育理论、心理社会发展理论、活动理论"等科学论述的指导，通过寻找科学理论与主题班会之间的关系，结合学生与社会的需求，提出了"分层递进""搭建支架""双主融合""形成体系""回归原点"这五条主题班会深度实施的有效途径，创造各种条件，使学习者能够自由地表现自己的潜能，引领每一位学生成长在活动体验中，成长为自我指导、自我学习和自我评价的学习者，并且从自己的每一次学习中得到满足。

第一节　分层递进，增加体验的高度

分层递进，即不同的实施程序之间要有循序渐进的深层逻辑架构，它遵循自下而上的建构原则，最底层是学生现有的发展水平，最高层是新的发展水平。"分层递进"式策略就是要通过引导学生自主探索真理、自主解决问题，达成对问题认知的螺旋提升。

一、六个程序的活动逻辑

六个程序活动设计的逻辑是自下而上的建构，而非自上而下的灌输。自下而上的建构意味着教师或活动设计者应该从学生的实际需求和兴趣出发，根据他们的特点和差异来确定具体的活动内容和形式。相比之下，自上而下的灌输方式则容易忽视学生的实际需求和兴趣，将教师或活动设计者预设的学习目标和内容强加给学生。

在六个程序中，深度准备是一节深度体验型主题班会的基石，它要求我们在开展班会之前进行充分的思考和规划，并深度开展各种体验活动，讲求一个"实"字；导入热身程序旨在为同学们营造一个轻松愉快的氛围，帮助他们更好地投入班会中，认知主题，讲求一个"小"字；推进体验程序是深度体验型主题班会的核心环节，它要求我们在实际操作中将理论知识与实际问题相结合，让同学们在实践中学习和成长，获得情感共鸣，讲求一个"丰"字；转换感悟程序旨在帮助同学们从自身生活中、实践中提炼出有价值的经验和教训，提升道德意志，讲求一个"我"字；提升总结程序是对整个班会活动的一个总结和升华，它要求我们对班会的成果和收获进行全面梳理和评价，产生道德行为，讲求一个"行"字；实践跟进程序是对班会成果的持续关注和推动，它要求我们在班会结束后通过各种实践活动持续关注同学们的成长和发展，为他们提供更多的支持和帮助，讲求一个"协"字。

主题班会课堂上四个部分——知、情、意、行各个程序是相互关联、相互促进的。知、情、意是基础和前提，行是结果和体现。只有建立在正确的认识和理解基础上，才能在实际生活中表现出正确的行为和态度。"知"解决是什么的问题，"情"解决为什么、怎么样的问题，"意"和"行"解决怎么办的问题。因此，在组织主题班会时，需要注重各个程序之间的逻辑层次关系，确保各个程序之间的连贯性和递进性，从而更好地达到主题班会的目标和效果。

案例：分层递进，搭自成长阶梯

世界以痛吻我，要我报之以歌

【活动背景】

艰难困苦，玉汝于成。一个民族之所以伟大，根本就在于在任何困难和风险面前都从来不放弃、不退缩、不止步，百折不挠地为自己的前途命运而奋斗。

三年级学生是情感发生变化的转折时期，从情感外露、浅显不自觉，向内控、深刻、自觉发展。认识能力不断提高，学生遇到的各种困扰也随之而来，开始产生不安的情绪。抗挫折教育也成为心理健康教育中的重要一环。

经班级调查发现，我们班的孩子多数都是家里的宝贝，很少经历过艰难困苦的生活磨炼和大的挫折，遇到一些小挫折之后，情绪低落，往往不知道该怎么办。

【活动目标】

（1）通过体验挫折小游戏，帮助学生认识到什么是挫折，知道挫折是人生的常态。

（2）举行讲故事比赛，让同学们感悟"明星"面对挫折的乐观精神。

（3）观看视频，家校协同共育，激励学生在知行合一中战胜挫折。

【班会准备】

（1）课前家长搜集孩子受挫小视频。

（2）学生搜集名人直面挫折的故事。

（3）教师剪辑《感谢不平凡的自己》《力挽狂澜》视频。

（4）教师准备加油树材料。

【活动过程】

活动一：游戏初体验——认识挫折

同学们，这节课我们来玩"搭塔游戏"，要求：①前后桌为一组，每组一副扑克牌，合作搭塔。②挑战3层，限时5分钟。③成功的小组，可挑战更高层。

游戏结束，教师采访1~2名学生。

师：在刚刚的游戏中，你的体验如何？

生A：我一开始感觉难度比较大，很难让扑克牌立起来，而且特别容易倒，还没操作几次，我就有点着急，想要放弃了。

生B：我也有这样的感受，但是我们小组一直互相帮助，商量办法，最终完成了任务。

师：其他同学有没有和他们一样的感受？请举手。

师：孩子们，在刚刚的游戏中，我们遇到了多个困难，这些小挫折可能阻碍了我们前行的脚步，但是我们会想尽办法战胜它。其实在我们的生活中，总会遇到各种挫折。小组内交流：你在生活中遇到过哪些挫折？面对挫折的时候你的心情怎样？

活动二：故事慢感悟——品味挫折

师：在大家的交流声中，我发现每个人对挫折都有自己的认识，但是挫折也给不少同学带来了烦恼。面对挫折我们该怎么做呢？接下来让我们聆听"我心中的名人"故事，在他们的身上寻找答案吧！

学生讲述"摘星星的妈妈"王亚平、革命英雄李大钊、"两弹一星功勋科学家"钱学森的故事。

学生分享从故事中获得的感悟。

生C：我很喜欢"摘星星的妈妈"王亚平的故事，当我通过电视看到她在太空为我们讲课，我十分崇拜她。但是我没有想到，在进入太空之前，还经过这么多的训练，"摘星星的妈妈"给了我更多面对困难的信心。

生D：我很喜欢钱学森的故事，他让我明白即使困难重重，只要我们用乐观的心态去面对，坚持不懈，挫折就会成为成功路上的加速剂。

活动三：视频深体会——笑对挫折

师：同学们，大海里没有礁石激不起浪花，生活中缺少挫折成不了强者。我们来看一段小视频。（播放家长搜集孩子生活中遇到困难的视频，以及教师记录学生在学校遇到的困难视频）接着播放视频《力挽狂澜》片段和公益广告《感谢不平凡的自己》。

生：看完这些视频，我明白了挫折是不可避免的，自己现在所经历的挫折与这些名人英雄所遭受的痛苦比起来真是微不足道。我要学习他们坚强面对挫折的态度。

中队长带领同学们行队礼，向视频中的英雄致以诚挚的敬意。

师：通过今天这节班会课，我相信每个人在面对挫折的时候会更加充满信心，老师把泰戈尔的这句话送给大家："世界以痛吻我，要我报之以歌。"希望同学们都能在风雨后收获自己的彩虹。

活动四：行动我先行——战胜挫折

师：最后让我们把班级这棵"行动我先行"加油树变得更加枝繁叶茂吧！学生写下鼓励自己或同伴的话，在日后的学习中为自己加油打气。

中队长带领大家进行宣誓。

在班会的结尾出现神秘彩蛋，家长为学生提供应对挫折的小锦囊，希望孩子们在今后的生活、学习中正确面对挫折。

班会总结：长风破浪会有时，直挂云帆济沧海。成长的路上有阳光，有风雨，希望同学们勇于面对挫折、善对挫折，从挫折中崛起。让挫折成为成长的阶梯，把挫折当作是自己走向成功的"弹跳板"和"助推器"。

【活动后跟进行为】

一次的班会课对孩子来说是一次好的启发和引导，最重要的是要知行结合，持续跟进，实现协同育人，发挥教育的整体效应和持续性。敢于直面自己遇到的问题，比如自己试着炒一次菜，克服胆小的自己独自买菜，当孩子遇到问题时，父母也要给予正确引导，帮助孩子自我调整，培养乐观向上的心态。

（靳宛馨　张英豪）

【评析】

德育过程是很好的自我教育途径，本节课通过体验、实践加强德育的情感感染功能，激发受教育者的道德情感，最终通过道德移情促成学生完成道德选择和道德行动。从准备到后跟进，各环节之间密切联系、层层递进，抓住每一个活动，每一个教育契机，引领学生直面挫折，坚定战胜挫折的信心。

深度体验型主题班会课是一种创新的班会课形式，它的设计初衷是发现并解决学生在成长过程中遇到的问题。这种课程以小切口的方式开始，即从学生的日常生活中找到问题，然后通过师生共同探究的方式来解决问题，最终达到激发学生学习主动性的目的。

这种班会课遵循"知、情、意、行"的德育规律，通过以下六大策略进行展开：问题引领，通过提出问题引导学生思考；多维体验，让学生从多个角度体验问题；分层递进，根据学生的理解程度逐步深入；素材演绎，通过具体的事例来演绎问题；适时点题，在适当的时候对学生进行引导；后续导航，为学生提供后续的学习指导。整节课的设计环环相扣，推进过程自然流畅，为学生提供了一个很好的道德情感提升的平台。

二、每个程序的体验逻辑

深度体验型班会课模式的基本形式是坚持"间接体验—直接体验—反思体验—体验内化"等体验方式的结合。在这个过程中，体验具有过程性、亲历性和不可传授性，是充满个性和创造性的过程。同学们通过亲自参与和直接体验，能更好地理解和掌握班会主题所传达的知识和能力。

库克认为，有效的学习是从体验开始的，他把学习阐释为一个体验循环过程：具体的体验—对体验的反思—形成抽象的概念—行动实验—具体的体验……如此形成一个贯穿的学习经历，学习者自动地完成着反馈与调整，经历一个学习过程，在体验中认知。在六个程序中，每个程序都要经历这样的循环递进的过程。

"驯服你脑中的小野兽"主题班会

活动：体验活动，掌握方法
体验环节

同学们，通过前面的分享，我们知道集中注意力真的很重要。然而有些同学在学习中常常无法集中注意力，比如上课讲话、分心、写作业玩铅笔（图片展示）怎么办呢？谁有好方法？

师：你们说的这些方法都有利于集中注意力。其实注意力不是天生就有的，可以通过训练来提高。下面就一起进入"注意力大闯关"，比比谁的注意力更集中。有没有信心？来，我们一起喊出口号："集中注意力，我能行！"

第一关：耳朵灵

1. 欢迎大家来到第一关：耳朵灵。

2. 游戏规则：听到水果请拍手，听到动物请跺脚，听到交通工具请拍肩。

3. 老师采访一下大家，在这个过程中你有什么感受？

第二关：眼睛亮

师：找出以下图画的不同之处，看谁找得又快又对！找出几处就用手指表示出来。

师：找得又快又准的关键是什么？

师小结：是的，要想尽快找出不同之处，仔细看很重要。

第三关：聚精会神

闯关规则：拿出你准备的60粒豆子（绿豆20粒，红豆20粒，黑豆20粒，混合在一起）开始分类，时间1分钟。

反思环节

思考：1. 在闯关的过程中，你有什么感受？

2. 在日常生活中，如何提升注意力？

形成概念

师小结：虽然每个人的注意力水平可能会有所不同，但是我们都可以通过一些方法和技巧来提高我们的注意力。只要我们愿意投入时间和精力，我们就可以培养和锻炼出强大的注意力。

行动实践

（1）请结合自己的走神时刻，找到注意力逃跑的原因，找到保持集中注意力的方法，并在"智慧树"上写下保持集中注意力的方法，和大家交流。

（2）制作不同规格的舒尔特方格。

（3）与伙伴们PK吧。

运用集中注意力的金钥匙，老师来考考大家。"舒尔特方格"要求：请你按顺序找出1~25的数字，要边读边指出。用时越少注意力越集中。如果有兴趣可以自己制作更高难度的表格：36格、49格、64格、81格。每天训练一次，每次不超过5分钟。

（徐 霜）

在深度体验型主题班会的每一个程序里，可以通过设计一系列的活动和任务，引导学生亲身经历和体验各种情境，从而获得直接的经验和认知。这些经历和体验可以引发学生的反思，促使他们深入分析和理解所获得的经验和知识。

通过反思，学生可以将具体的体验转化为抽象的概念和认识，这有助于学生形成更为深入和全面的理解。在反思的基础上，可以通过讨论、辩论、小组合作等方式，引导学生形成自己的观点和思考方式，从而培养他们的批判性思维和创新能力。

一旦形成了抽象的概念，就可以将其应用于实践活动中，通过行动实践来检验和验证这些概念的有效性和适用性。在实践中，学生可以不断调整和改进自己的行为和思维方式，以适应不同的情境和需求。

通过不断实践和反思，学生可以获得更多的具体经验和新的认知，从而形成一个循环往复、不断深入的学习经历。这种循环过程可以促进学生的自我发展和成长，培养他们的创新精神和实践能力，以及自我认知和自我实现的能力。

遵循这样的逻辑，将学习体验圈理论与主题班会相结合，可以为主题班会提供一种有益的理论框架和实践指导，促进学生的深度学习和全面发展。

第二节　搭建支架，增加体验的广度

支架理论是一种教学理论，它强调教师在学生学习过程中所扮演的角色，认为教师应当像建筑师搭建脚手架一样，为学生提供学习上的支持，帮助他们逐渐摆脱教师，独立解决问题，最终实现自主学习。

支架理论强调教师在教学中要为学生提供适当的线索或提示，帮助他们逐渐学会独立解决问题。教师还可以通过提问、引导、示范、反馈等方式来帮助学生理解问题，建立知识框架，并逐渐提高他们的思维能力和自主学习能力。在支架搭建过程中，教师需要根据学生的需求和能力水平进行调整和改变，以确保支架能够支持学生的发展。

支架理论不仅适用于教学活动，还可以广泛应用于各种领域和情境中。好的主题班会课一定是有"支架"的。在主题班会中，教师也可以利用支架理论来设计和组织活动，以便更好地引导学生的全面发展。

一、符合逻辑的问题支架

主题班会的问题支架是指教师在班会活动中设计一些问题或任务，以引导学生思考、讨论和探究，帮助他们构建知识体系并提高技能。问题支架可以作为引导和支撑整个班会顺利进行的重要工具，激发学生的学习热情和积极性，促进他们的思考和创新。

设计问题支架时，教师需要考虑学生的兴趣和实际需求，设计具有一定难度和挑战性的问题，以便于激发他们的探索欲望和好奇心。同时，问题支架还需要具有一定的层次性和开放性，以便于引导学生逐渐深入思考和探究，最终实现自下而上的建构，以下是一些主题班会的问题支架示例。

（1）开放性问题：针对主题提出一些开放性问题，如"你认为如何解决这个问题"，让学生自由发挥，表达自己的观点和想法。

（2）讨论问题：根据主题设计一些讨论问题，如"你认为这个问题的原因是什么"，引导学生进行小组讨论，并鼓励他们分享自己的观点和经验。

（3）实践性问题：针对主题设计一些实践性任务，如"设计一个解决方案"，让学生通过实践操作来解决问题，并鼓励他们分享自己的成果和经验。

（4）探索性问题：针对主题设计一些探索性问题，如"这个问题的解决方案有哪些"，引导学生进行探索和发现，并鼓励他们分享自己的发现和思考过程。

此外，教师还需要注意问题的质量和数量，以确保支架能够有效地支撑整个班会的进行。常规的主题班会的问题支架是按照"呈现问题—分析问题—解决问题"的逻辑建立起来的；而深度体验型主题班会的六个部分是按照"感知问题—呈现问题—分析问题—思考问题—解决问题—跟进问题"这样的逻辑层次建立起来的，自下而上指向"是什么、为什么、干什么、怎么做"的问题（表5-2-1）。

表5-2-1

环节	作用	途径	解决
深度准备（备）	感知问题	讲求一个"实"字	是什么
导入热身（知）	呈现问题	讲求一个"小"字	
推进体验（情）	分析问题	讲求一个"丰"字	为什么
转换感悟（意）	思考问题	讲求一个"我"字	干什么
提升总结（行）	解决问题	讲求一个"行"字	怎么做
实践跟进（跟）	跟进问题	讲求一个"协"字	

一位教师在上《战胜挫折小怪兽》时，设置了六个环节，提出了四个问题。课前搜集挫折案例感知问题；课中"活动一：挫折小怪兽，我认识你"呈现问题，让同学们认识挫折是什么；"活动二：挫折小怪兽，我不怕你"分析问题，带领同学们一起分析挫折产生的原因是什么；"活动三：挫折小怪兽，我战胜你""活动四：挫折小怪兽，我笑对你"思考问题并解决问题，思考该如何去战胜挫折；"后跟进行为"和挫折说再见行动跟进问题，引领学生行动起来，知道生活中面临挫折怎么办。四个问题相互依托，层层递进，形成了本节课的问题链和问题支架。

二、深度沉浸的活动支架

主题班会的活动型支架，是指教师在班会活动中设计一些体验性活动，以帮助学生通过亲身参与和实践来获得知识与技能。设计体验型支架时，教师需要考虑学生的兴趣和实际需求，选择合适的体验活动，如角色扮演、实践操作、游戏等。比如，在引导学生进行情绪管理时，因为特点不一样，情绪反应不一样，采取的活动形式就会有区别。同时，教师还需要注意活动的安全性和可行性，确保学生在参与活动的过程中深度沉浸，从而得到充分的体验和收获。以下是一些主题班会的活动型支架示例。

（1）实践操作活动：做一些与主题相关的实践操作活动，如制作手工、实验操作等，让学生通过动手操作来加深对主题的理解和认识。

（2）角色扮演活动：根据主题实施一些角色扮演活动，如模拟场景、故事表演等，让学生通过扮演不同的角色来体验不同的情境，加深对主题的理解和认识。

（3）游戏互动活动：设计一些与主题相关的游戏竞赛活动、互动活动，如智力游戏、团队竞赛等，让学生在互动中实现快速成长。

（4）学科整合活动：实施一些与主题相关的学科类活动，通过课程德育的形式，实现学生的深度体验。

（前边已经有详细说明，不再赘述。）

三、亲身关联的案例支架

主题班会的案例型支架，是指教师在班会活动中通过呈现一些真实的案例或情境，引导学生分析、讨论和思考，以帮助他们更好地理解和掌握所学内容，提高他们的思维能力和解决问题的能力。

在主题班会中，教师可以根据教学内容和目标，选择适当的案例或情境，引导学生通过分析、讨论和思考，自主探究和解决问题。案例型支架可以包括一些真实的案例、故事、社会热点问题等，也可以是模拟的情境、角色扮演等。

在近百节班会课的观摩中，老师们在使用案例支架的时候，按照出现频率的多少，我们进行了排序，呈现出这样的分布：外国案例>中国案例，动物案例>人物案例，成人案例>同龄人案例，残疾人案例>正常人案例。

比如，在对学生进行挫折教育的时候，很多教师引用了下边的表格，引导学生猜猜人物是谁（表5-2-2）。

表5-2-2

事例	人物
因替投降匈奴的李陵辩解，获罪入狱。受刑之后，忍辱发愤，艰苦撰述，终于写成"究天人之际，通古今之变，成一家之言"的《史记》	司马迁
2岁时因突发的疾病猩红热丧失了视觉和听觉。16岁被剑桥女子学校录取，为就读哈佛大学女子学院做准备。23岁创作自传《我的一生》	海伦·凯勒
小时候被认为是"低能儿"逐出学校，后来发明了电灯，最终成为大发明家	爱迪生

这不是个案，部分教师爱选外国案例，其实在中华五千年的历史上不乏历尽磨难最后取得成功的优秀人物，为什么不选呢？明显的缺乏文化自信。很多老师认为残疾的，有问题的人成功了才是战胜挫折，其实学生身边的残疾人实在太少太少，学生无法体会。远离学生生活的案例真的就能唤醒学生的共鸣吗？什么样的案例支架是有效的呢？实践证明，贴近学生日常生活的，和学生自身有实际关联的案例更能引发学生的思考，更具有实际意义和可操作性，能够引起学生的共鸣，激发他们的参与热情。

主题班会要解决的是学生真实发生的问题，是基于学生生活问题的真正解决。所以，班主任在设置案例支架的时候，需要重新转换视角，可以按照这样的顺序进行筛选：中国案例>外国案例，人物案例>动物案例，同龄人案例>成人案例，正常人案例>残疾人案例。

案例支架要生活化，要将班会的主题和内容与学生的日常紧密结合，使其更加贴近学生的实际需求和关注点，从学生的身边寻找例子来解释和阐述主题。外国案例、动物案例不是说不可以用，但离学生生活越近的案例就越有针对性；离学生生活近一点，体验也会深一些。

四、契合主题的工具支架

主题班会工具型支架，是指教师在班会活动中提供一些具体的工具或资源，以帮助学生更好地理解和掌握主题。这些工具或资源可以是教学PPT、视频、图片、模型等，也可以是教师自己制作或收集的材料和道具。例如，在学习"环保"这个主题时，教师可以提供一些环保相关的图片、数据、视频等材料，让学生通过观看、分析、思考和讨论，深入了解环保的重要性和措施。在学习"时间管理"这个主题时，教师可以提供一些时间管理工具表、时间规划App等工具，让学生通过实际操作，更好地掌握时间管理的方法和技巧。以下是一些主题班会工具型支架示例：

（1）教学PPT：包括相关的图片、数据、图表等。

（2）视频和图片：准备一些和主题相关的视频和图片，例如科普视频、人物访谈、实地考察照片等。

（3）模型和道具：准备一些和主题相关的模型和道具，例如物理实验器材、化学试剂、器材、活动道具等。

（4）学习材料：准备一些相关的学习材料，例如阅读材料、研究报告等，以帮助学生更好地了解所学主题。

在"反对校园欺凌"主题班会中，我们经常会面临一个问题，如何让暴力的场面呈现。比如"语言暴力"，最初的设计是让一个同学扮演受害者，站在台上让所有同学集中对他发火。但仔细一想，又有些担忧，如果大家语言比较激烈，会不会影响了台上的同学，造成了新的语言欺凌。其他同学又会不会成为新的欺凌人呢？一位教师就巧妙地利用工具支架解决了这一问题。他创设了一个真实的场景，用泡沫给"受欺凌者"做了一个立方体形状的帽子，把他的头套了起来。下边的语言欺凌者每人戴了一个面具，每说一句欺凌的语言就把这句话用小旗子插在泡沫的帽子上。当帽子上插满欺凌语言的时候，加上音乐的渲染，现场的气氛达到了一个高潮。孩子们瞬间明白了什么是语言欺凌，语言欺凌带给了我们什么？一个小小的道具，就解决了多位同学角色扮演时的尴尬，还引领全班同学进行了一次沉浸式的体验。这便是工具支架的好处。

在使用工具支架的时候要做到三点：工具是为提升主题而服务的，切不可为了用而用；工具设置时不在乎多，而在乎精，有时候一件好的工具就可以起到立竿见影的作用；使用工具时要慢下来，要关注全体，要循序渐进地引导学生开展活动，不要急于求成。这样，工具支架就会真正成为促进学生发展的一件利器。

五、综合型支架

在通常的主题班会的设计与实施中，需要将多种支架进行融合，来提升学生体验的广度，从而让整节课更有效。

案例：丰富支架，搭有效脚手架

"我·我们·最好的我们"主题班会

【活动背景】

《中小学德育工作指南》明确指出："班主任要了解学生，加强班集体管理，强化集体教育，建设良好班风。"

小学生年龄小，对"集体"这一概念还比较模糊。自我约束力不强，集体意识和集体荣誉感不够强烈。

五、六年级学生个性彰显，开始出现叛逆，这个阶段是集体意识形成的关键时期，需要教师引导。班集体的建设，需要个体约束和成员互相约束，个体促进集体的进步，集体也能反过来促进个体的进步。

【活动目标】

（1）教育学生认识到班级是一个集体，明白个人是集体不可分割的部分，个人与集体是密不可分、息息相关的。

（2）体会到集体荣誉与自己的关系，体会到个人在集体中的地位。

（3）教育学生热爱集体，要有集体荣誉感，要为建设一个良好的集体而承担一份责任。

【活动准备】

（1）小品排练。

（2）制作PPT。

（3）相关图片材料。

【活动流程】

活动一：认识自己——我就是我

（1）游戏：猜猜我是谁。

教师描述班里几位同学的特点，请同学们猜猜这是谁。

（2）介绍我自己。

每一个"我"都是独特的、与众不同的，每一个"我"都有自己的风采和性格。你能用一两句话介绍一下自己吗？

（3）小结：每个人都有自己的特点，我们的班集体就是由这些不一样的"我"组成的。

活动二：个人与集体——我不只是"我"

小品片段一：《我想去玩玩》

学校组织去百花书院研学，下了车，小朋友们排着整齐的队伍，大家一路欢歌，欢快无比。一个叫小洛的小朋友，看到这么优美的景色，小洛好想偷偷地溜出去玩啊！他想，只偷偷溜走一会儿，没事儿的。于是，小洛悄悄地离开了队伍。

（1）采访同学：你赞同小洛的行为吗？

（2）预设：赞同，这是小孩子的天性，看风景多好啊，自由自在，玩得尽兴；不赞同，不遵守纪律，一个人擅自行动，很危险。

小品片段二：《我们去找吗》

不久，班上的小伙伴发现小洛不见了，大家可着急了：如果不跟随班级队伍，大家找不到要研学的地方，完不成研学任务。可是不去找小洛，小洛一个人在外，很危险，这可怎么办？

（1）同桌讨论：我们要不要去找小洛？

（2）全班交流，引发思辨。

小品片段三：《一个都不能少》

小伙伴们立刻告诉了老师，老师决定去找小洛，老师郑重地对孩子们说："我们是一个集体，一个都不能少。"幸亏小洛脱离队伍的时间不长，小伙伴们又发现得及时，同学们约定好集合的时间、地点，分头去找调皮的小洛。在大家的共同努力下，终于找到了小洛！

（1）采访同学：①假如你是班上的小伙伴，你想对小洛说什么？②如果你是小洛，你想对小伙伴们说些什么？

（2）全班交流：通过这个故事，你们明白了什么？

预设：要遵守集体纪律；我们要团结……

（3）小结：是的，我们是一个集体，不能只想着自己想干什么，要和大家一起朝着目标奋进。相信有了这次经历，调皮的小洛知道不能只顾着自己，要遵守集体纪律了。

活动三：认识集体——我成了我们

（1）游戏：巨人脚步。

游戏规则：将全班分成若干小组，10人一组，站成一列，将巨人脚步的带子分别放在脚的两侧，每侧一根，然后依次让每个人的左右脚分别套上带子的橙色圈，套在脚踝部位即可！（如果参加人数不足10人，多余的部分要绑在最后一个人的腿上，以避免绊倒）。待10个人全部套好之后，由最前面的人或者单独安排一个人来指挥整个团队前进。跟其他小组进行比赛，设置同样的行程，所用时间最短的队获胜！

（2）谈感受：通过这个游戏，你们有什么样的感受？

总结：我们每个人都生活在集体之中，我们有一个共同的名字，叫集体。我们每个人都是集体的一分子，集体也离不开每一个人的共同努力。

活动四：成就集体——做最好的我们

（1）故事回放：《大家好才是真的好》。

（2）从这个故事当中，你明白了什么呢？

不顾集体利益，只追求个体利益，最终个体利益也将受损。

活动五：集体荣誉感——当我VS我们

（1）奥运故事。

在北京冬奥会短道速滑男子1000米决赛上，第二次起跑后，体力消耗极大的武大靖碰了碰任子威的手，示意他先走。最终，任子威夺得冠军。赛后，任子威表示："我觉得这个金牌不是我的金牌，这是团队的金牌。"

四年前，在平昌冬奥会上，任子威表示会全力帮助武大靖；四年后，在北京冬奥会上，武大靖帮任子威卡住位置："走！"

"功成不必在我，功成必定有我。"中国运动员的团结精神让无数网友落泪。向他们致敬！当个人利益与集体利益发生冲突的时候，应该把集体利益放在个人利益之上。

（2）七嘴八舌话行动：我该怎么做？

优秀的集体需要我们每个人的共同努力。

（1）请同学们再次响亮地自我介绍：我是×班的××。

（2）制作专属心形卡：①上面书写我能为班级做什么；②可简单绘画；③署名并粘贴在班级黑板上。

（3）制作展示板：将师小结及同学们交流出来的方法，在班级展示板上张贴条形来建议，形成班级荣誉奋斗阶梯，在阶梯最上面贴上流动红旗图片，凝成班级向心力。

小结：我们都生活在集体之中，一个小组，一个家庭，一个班级，一个学校，一个民族，乃至一个国家。每个人都是集体重要的组成部分。最好的班级，最好的我们！最好的我们，最好的集体！

（房淑芳）

【评析】

本节课中，教师围绕"团队"主题，从"我""我们"入手，逐步升华到一个国家、一个民族的团结，每个人都是其中重要的组成部分。切入点小，意义深远。更重要的是，在这个班会设计与实施的过程中，运用了多种支架，架起了学生道德成长的桥梁。

（1）符合逻辑的问题支架。"你能用一两句话介绍一下自己吗？""你赞同小洛的行为吗？""我们要不要去找小洛？""通过这个故事，你们明白了什么？""通过这个游戏，你们有什么样的感受？""从这个故事当中，你明白了什么呢？""七嘴八舌话行动：我该怎么做？"教师用一个个问题串联起了整个活动，串联起了学生对于主题的反思与践行，富有逻辑性。

（2）亲身关联的案例支架。通过《我想去玩玩》《我们去找吗》《一个都不能少》《大家好才是真的好》，以及奥运故事，一个个鲜明的贴近学生的和学生亲身关联的案例，让学生主动地去思考，积极地进行自我构建，形成了学生深度体验的故事链。

（3）深度沉浸的活动支架。通过"巨人脚步"等游戏，让学生全体参与，在游戏中深度体验，从而更加明白集体的重要性，明白团结的重要性。

（4）契合主题的工具支架。通过"心形卡""展示板"等工具，引领学生畅所欲言，充分发表自己的观点，并形成自己正确的价值判断。

丰富形式绝不是活动形式的无效叠加，在本节主题班会的实施中，教师将活动支架的选择与主题完美契合，充分考虑各个支架在活动中的作用，考虑到了其与活动全局的匹配性或合理性，学生的体验广度明显加强。

在这四项支架中，"符合逻辑的问题支架"构建了主题班会的框架逻辑，"深度沉浸的活动支架"填充了主题班会的整体血脉，"亲身关联的案例支架"唤醒了师生的情感共鸣，"契合主题的工具支架"攻破了教学的重难点。四项支架互为一体，共同形成了深度体验型主题班会实施的有效保障。

第三节　双主融合，增加体验的深度

人本主义教育理论是一种强调人的尊严、人的需要、人的愿望、人的价值的教育思想，它倡导以学习者为中心，尊重学习者的意愿和情感，主张教育者应该创造各种条件，使学习者能够自由地发挥自己的潜能，并且从自己的每一次学习中得到满足。

人本主义教育理论的主要观点包括以下几点。

（1）重视人的尊严和需要：人本主义教育理论认为每个人都具有自我完善和发展的潜能，教育的目标应该是促进学生的自我实现，而不是仅仅追求功利和外在的评价。同时，教育应该尊重人的需要和情感，关注学生的个人经验和兴趣，从而激发学生的学习动机。

（2）强调情感因素：人本主义教育理论认为情感是人类认知活动的动力，情感因素对学习效果有重要影响。因此，教育应该注重培养学生的学习热情和情感态度，使学生的学习过程变得更加愉悦和富有成效。

（3）提倡以学生为中心：人本主义教育理论强调学生在学习中的主体地位，主张教师应该扮演指导者和帮助者的角色，而不是知识的灌输者和主导者。教师的作用在于激发学生的主动性、创造性和自我实现的精神，从而使学生成为自我指导、自我学习和自我评价的学习者。

教育者是主导者，受教育者是主体。遵循人本主义思想，主题班会的双主地位是指班主任和学生都是班会的主体，班主任是班会的主导者，而学生则是班会的参与者。

双主融合是实施深度体验型主题班会的重要途径，它强调班主任和学生都是班会的主体，互相作用、共同参与构建班会课堂的过程。班主任需要制定班会主题和目标，策划和组织班会，引导学生参与，总结和评估；而学生则需要积极参与班会活动，自主探索学习，小组协作交流，反馈学习效果。班主任在班会中的主导地位体现在以下几个方面：

（1）确定主题和目标：班主任需要结合学生的实际情况和学校的整体教育目标，确定班会的主题和目标，引领班会的方向。

（2）策划和组织：班主任需要组织和策划班会的内容和形式，制订班会的计划和方案，并监督执行。

（3）指导和管理：班主任需要对学生的参与进行指导和管理，确保班会的秩序和效果。

（4）总结和评估：班主任需要对班会的效果进行总结和评估，对班会的实施进行反思和总结，以便更好地规划下次班会。

学生在班会中的主体地位主要体现在以下几个方面：

（1）参与活动：学生是班会的主要参与者，他们需要积极参与班会活动，发表自己的观点和想法。

（2）自我管理：学生需要在班主任的指导下进行自我管理，遵守班会的纪律和规则，保持积极向上的态度。

（3）表达意见和建议：学生可以在班会上表达自己的意见和建议，向班主任反馈自己的想法和需求，为班级的发展出谋划策。

总之，作为班主任要明确自己的主要职责，同时要关注所有学生，保障他们参与活动的权利，保障他们生命成长的需求。

案例：学生主持班会，班主任何去何从

"我从哪里来"主题班会（节选）

【教学过程】

环节一：了解"我"是怎么来的

（1）绘本讲述，了解"我"从哪里来。

主持人：绘本《小威向前冲》是国内最早引进出版的性教育绘本。小威是一颗精子，为了赢取唯一的奖品——卵子，他很努力地练习游泳，最终在与其他三亿个精子的激烈竞争中获得了胜利。比赛结束的时候，又发生了一件神奇又美妙的事——精子和卵子结合在了一起，诞生了一个新生命。教师讲绘本的同时，辅以鲜明的图文板贴，并不时质疑，引导学生了解"我"的生命是怎样形成的。

（2）借机提问，明白"我"的幸运。

在讲述绘本的过程中，教师要注意借机提问，化抽象为生动，诸如"三亿"这个数字究竟有多大，可以带着小朋友数一数"3"后面跟着几个零，小朋友愈感受到这个数字大，之后才能有所体会自己的生命机遇是多么来之不易。

（3）观看视频，了解"十月怀胎"。

主持人：（视频播放的同时，配以简单的旁白）第一个月，胎盘形成；第二个月，小小的心脏开始跳动……小生命在妈妈肚子里近十个月，每个月都发生着各种奇妙的变化，每一种变化都是生命的跃动。

教师引导：小朋友观察一下脐带的样子以及作用，为之后了解新生儿出世后的"剪脐带"环节做好铺垫。

（4）请同学就观看的绘本和视频，交流获得的新知。

环节二：感受孕育和生产的艰辛

（1）体验游戏。

主持人：请小朋友们把装五六斤米的袋子挂背在自己的胸腹前，体验宝宝在妈妈肚子里越长越大的感受（吃饭时，睡觉时，走路时，弯腰系鞋带时……时间1分钟）。随机采访两位"妈妈"，请"她们"说说体验"大肚子"后的感受。

【设计意图】

通过小游戏创设真实的活动情境，调动学生的学习热情，体验妈妈挺着大肚子的不便与辛苦。需要注意的是，一年级小朋友比较单纯天真，可能也会有小朋友表示这样挺着大肚子的感觉很好玩，这时候教师可以借机引导：你体验的只是短短1分钟，妈妈怀孕可是长长的10个月啊！

（2）体验剖宫产疼痛。

主持人：妈妈在分娩时到底会有多疼呢？老师为我们带来了分娩疼痛体验仪，哪个小朋友敢来尝试一下？（用分娩疼痛体验仪让学生上台体会分娩的疼痛，然后交流感受。）

教师总结：母亲怀我们、生我们是多么的不易啊！

（张小佩）

【评析】

在这节以特定主题为核心的班会课程中，张老师展现出了其卓越的教学技巧和深厚的教育理念。他非常巧妙地平衡了教师的主导地位和学生的主体地位，使得这两者在课堂上和谐地融合在一起。"观看视频—学生讨论—教师指导"，"体验活动—学生讨论—教师指导""小组交流—学生表达—教师指导"，老师的心中有学生，这节课的体验就会变得更深入一些。

张老师并没有简单地将这堂课变成一个单向的教师讲授环节，而是充分尊重并发挥了学生的主体性。她注意到了学生的年龄特点，引导他们通过游戏参与活动，鼓励学生相互讨论，积极参与，提出自己的观点和想法，使得课堂变得更加活跃和有趣。

这是一节学生主持的主题班会，在实际的运用中，会存在教师完全游离于班会之外的情形。怎么办？教师该何去何从？张老师从她的实施过程中向我们传达了以下几点信息：

（1）及时做好活动评价。在"体验父母生育的艰辛"这个环节中，学生在整个过程中表现如何关系到他们对母爱的正确认知，所以需要班主任及时介入，对其进行正面评价，形成积极效果。

（2）重要环节回到场上。小学生对主题班会的掌控力是有限的，重要环节，教师要以指导者的身份进入活动，将更能引领孩子们深入思考。

（3）结尾环节提炼升华。小学生年龄小，尤其是对母爱的伟大，他们的理解可能只停留在表面。所以，在每一个活动的结尾部分，教师要进行不同于班主任讲话的提炼升华。

总之，在这节学生主持的班会中，她并不是完全地将课堂放手交给了学生，而是在关键时刻、重要地方及时现身，给予学生巧妙地引导和总结，让学生在双方的互动中快速形成了对概念的认知。我想，老师做到了以上几点，学生主持班会的德育效果不错。

第四节　形成体系，增加体验的厚度

系统论认为，整体性、关联性、等级性、动态平衡性等是系统的基本特征。班会体系需要从整体出发，统筹规划，优化各个组成部分，实现整体的最优效果。主题班会系列化就是将班会活动按照一定的主题进行规划和组织，形成一系列的班会活动。这些活动既可以是围绕一个主题进行的，也可以是多个主题相互关联的。通过这种方式，我们可以使班会活动更加丰富多样、更具教育意义。

一、基于大概念、大主题的系列主题班会

通常我们组织系列班会课时课程内容可以尝试以大概念、大主题为核心进行建构，将学习者孤立、零散的事实性知识和认知、技能整合起来，成为联结品德形成的纽带和建构德育内容的关键点。

大概念和大主题都是教育领域中的重要概念和主题，但它们之间存在一定的区别。大概念是指具有高度概括性、兼有认识论和方法论意义、普适性极强的概念，通常涉及跨学科的主题，旨在培养学生的核心素养和关键能力，促进学生的全面发展。而大主题则是指具有一定范围、具有深度和广度的主题，通常与某个学科或某个领域相关，旨在引导学生深入探究某个特定领域的问题。

大概念和大主题之间也有一定的联系，它们都是为了促进学生的全面发展和提高教育效果而提出的。大概念可以作为大主题的基础和核心，大主题则是大概念的具体体现和应用。通过将大概念和大主题相结合，可以更好地引导学生探究和理解某个特定领域的问题，同时也可以培养学生的核心素养和关键能力。

例如，只用一节班会课要求学生明白"阳光心态"的内涵，那阳光心态充其量只是一个学术用语，只是一节课的一个小目标，而且学生对其理解仅仅停留在表层，其作为大概念、大主题的应有作用并未得到发挥。如果我们要求学生围绕"阳光心态是一种积极、宽容、感恩、乐观和自信的心智模式"这一概念设计开发系列主题，形成系列的发展性课程，引领学生展开深度体验，对阳光心态的重要性，以及如何培养自己的心理健康有深度理解和价值认同时，大概念、大主题理念才真正发挥了育人作用。

围绕"阳光心态是一种积极、宽容、感恩、乐观和自信的心智模式"这一大概念，某学校基于生活大情境，创设十六条活动主题：保持向上的精神，努力实现自己的目标；保持对生活的热爱，发现生活美好；保持开放的心态，接受新的挑战；保持学习的热情，不断提升自己；保持感恩的心态，珍惜身边的人和事；保持幽默感，让生活充满乐趣；保持健康的生活方式，保持良好的身体状态；保持平衡的生活态度，避免过度的压力；保持诚实的品格，赢得他人的尊重和信任；保持勇敢的精神，面对生活中的困难和挑战；保持宽容的心态，接纳不同的观点和想法；保持谦逊的态度，尊重他人，珍视自己的成就；保持积极的人际关系，建立良好的社会关系；保持坚定的信念，坚持自己的理想和目标；保持乐观的心态，看到生活中的希望和机会；保持坚韧的毅力，坚持到底，直到成功。

通过设计"阳光课程"体系，开展系列活动，组织系列班会，形成大活动理念，将育人方式与育人途径深度融合于整个过程，让学生、家长在整个活动过程中充分体验自己该如何保持阳光心态。

下边是某幼儿园围绕"热爱生命就是正确地看待生命、爱护生命、欣赏生命"的大概念，设置了"春种一粟"大主题实践活动，将班会课融入其中，引领学生在真实的种植、养护、收获的过程体验生命的意义，从而真正明白热爱生命的真正内涵。

案例：大概念、深主题，让体验厚重起来

"春种一粟"大概念主题班会

【活动缘起】

一粒小小的种子，有着大大的梦想，飞进幼儿园，飞到孩子们的身边。在他们的眼中，春天就像一个有魔法的季节！小草伸伸懒腰，春雨轻轻拍打。小芽儿是怎样冒出来的？它们从哪里来？长大后的种子会是什么样的？一切的变化，都让孩子们十分好奇。让我们一起走进孩子的世界，探索种子的奥秘吧！

【活动背景】

陈鹤琴先生说过"大自然、大社会都是活教材"，孩子们的课程来源于生活。《3—6岁儿童学习与发展指南》中科学领域对幼儿提出了具体的要求："亲近接触大自然，对周围的很多事物和现象感兴趣。"现在正值春天，一次午饭后，我们在园里散步，走到农耕园时，发现有种子发芽了，大家对发芽的植物特别感兴趣，桐桐问："这些小芽是怎么长出来的？"孩子们都很疑惑，围着小芽观察、讨论。因此，为了解答小朋友的疑惑，引领他们关注生命，我们开展了"春种一粟"大概念主题班会。

第一课时："种植选举会"儿童议会

【活动目标】

（1）通过谈话，了解春天的特征，知道春天是万物复苏的季节。

（2）通过分组寻找、填写表格，引导幼儿观察、发现、记录，揭秘蔬果种子的秘密。

（3）通过选举投票，激发幼儿对种子的好奇心和探究欲望。

【活动准备】

各种蔬果、记录单。

【活动过程】

（1）谈话导入。

师：小朋友们，现在是什么季节？（春天）你从哪里知道春天来了？（春天来了，花儿开了，燕子飞来了，种子发芽了，小朋友穿的衣服变少了……）

小结：春天是一个万物复苏的季节，动物睡了一个冬天，都慢慢苏醒了，小种子们在温暖的天气里发出了嫩芽，一切都是生机勃勃的样子。

（2）分组寻找。

师：春天是播种的季节，你们知道种子是从哪里来了吗？（从商店里买来的，苹果里面的籽就是它的种子，西瓜的籽也是它的种子等。）

师：今天我带来了许多的蔬菜和水果，你想给什么蔬菜或水果找种子？每组小朋友选择5种蔬菜或水果，一起来找种子，并完成记录单。

表5-4-1

有种子的植物	没有种子的植物

（3）小组分享。

师：每组选一个代表来进行分享。

幼儿通过记录发现：有种子的蔬果有：南瓜、西红柿、茄子、黄瓜、辣椒、豌豆、西瓜、葡萄、苹果、梨、橘子。

没有种子的蔬果有：油菜、芹菜、白菜、萝卜、香蕉。

小结：经过记录发现大部分蔬果都有种子，但有一部分蔬果现在找不到种子，而且每个种子都不一样。

（4）种植选举会。

师：春天是播种的好季节，你们想在班级种植哪种植物？

孩子们大胆分享自己的想法，经过投票，最终选出票数最多的四种植物，分别是西瓜、西红柿、甜瓜、辣椒。

（5）拓展延伸。

和爸爸妈妈一起了解种子发芽的过程及需要的工具，并进行记录。

【教师结语】

儿童是天生的发现者，他们对周围的事物和现象充满了好奇。通过儿童议会的形式和幼儿自身经验知道了春天的特征，根据儿童议会的观察记录，了解到蔬菜、水果种子的奇妙，最后在议会中幼儿根据自主投票，选出幼儿最想种植的植物，充分尊重幼儿的自主探索。在孩子们互相讨论交流记录中，乐于分享自己的发现，激发幼儿对种子的兴趣，为下一步种植打下良好的基础。

第二课时：种子见面会

【活动目标】

（1）通过介绍种子，了解不同种子的特点。

（2）通过各种感官比较，获得种植愿望。

【活动准备】

学生搜集自己喜欢的种子和容器。

【活动过程】

（1）介绍分享。

收集材料工作现已完成，请小朋友分别介绍自己带来的种子和容器，并讲述自己带来的理由。

（2）观察比较。

请大家通过用眼睛观察，互相比较，观察它们的形状、颜色、大小，你都发现了什么？

第三课时：种子催芽记

【综合实践】

（1）观看催芽的视频。

（2）种子已经准备好了，怎么让种子发芽呢？请大家询问爸爸妈妈，赶快行动起来吧！一起行动起来。（四步：洗洗澡，排排坐，洒洒水，盖好被）

【童眼发现】

告诉你们一个好消息，经过我们每天的观察照顾，第三天番茄种子和辣椒种子最先发芽，第四天有一小部分西瓜种子和甜瓜种子也露出白色的小尖尖，一星期过后，种子基本上都发芽了。

第四课时：种子成长记

【种植实践】

种子发芽后，就进入非常重要的种植环节，将容器底部扎上小孔，把营养土放进容器中，加入少许水，让营养土变得潮湿，戳上小洞把种子放进去，用营养土轻轻地把种子盖上，贴上标签，种植工作就完成了。

第五课时：温暖的家

【聚焦问题】

（1）温度突然下降，一连几天都阴雨绵绵，孩子们发现有一部分种子已经长高了，还有一部分仍藏在土里，这是怎么回事？星妤说："欢欢老师，最近天气这么冷，种子该不会被冻死吧？"

家宁："我们给它穿件衣服。"

浩然："种子那么小，怎么穿衣服呀？"

宸宸："我去摘草莓的时候，看到草莓就是在一个透明的棚子里，可暖和了，我们给它也做一个这样的家。"

【设计家园】

找来家里不用的透明塑料袋、保鲜膜、快递里的防撞袋、一次性杯盘，一起给种子宝宝设计一个家。

第六课时：我的小菜园

【聚焦问题】

（1）小苗越长越大，花盆都快装不下了，这可怎么办？

翔翔：给小苗换个新家，找一片更大的地方。

栎淏：这个地方还能让小苗晒到太阳。

优优：农耕园很大，也能晒到太阳，小苗一定会喜欢的。

（2）农耕园有许多的植物，没有合适的地方了？

宸宸：可以种到旁边的缝隙里。

星妤：农耕园的爷爷说把油菜割掉就有一大片空地了。

（3）怎么移栽才能有利于小苗生长呢？

雨妃：种菜苗前要先挖坑，小苗就挖浅一点，大苗就挖深一点。

宸宸：一个坑里种一棵菜苗，根部要放在泥坑里，用土盖住，菜苗才能长大。

浩然：种完之后要及时浇水，好让秧苗快快长大。

【劳动实践】

到农耕园里一起完成割油菜、拔草、翻土、整地等一系列工作。

【教师反思】

孩子们一起割油菜、拔草、翻土、整地、移栽小苗，这不仅是幼儿对植物、泥土、水以及各类工具进行探究的过程，同时也加深了幼儿对植物的生长的认知。幼儿在做中学、在生活中学和在游戏中学，有利于培养学生的自主探究能力。

第七课时：我的菜园我做主

【聚焦问题】

（1）菜地都是挨在一起的，怎么分辨呢？

涵涵：我们可以给菜地做一个标识牌。

星妤：把各种植物画在木牌上，设计一个特别的木牌。

翔硕：可是下雨会把画画纸淋湿的，这样就看不到了。

妍采：给它穿上防水的衣服，老师知道怎样穿，用那个热热的机器给它们穿上保护衣。

（2）小朋友们踩上去怎么办？

浩然：做一些保护植物的牌子放在旁边来提醒大家。

涵涵：让小朋友每天去照顾，并提醒小朋友。

（3）小鸟把植物吃掉怎么办？

榕暄：放个假人把小鸟吓跑。

彤彤：做个稻草人放到旁边。

【制作实践】

设计植物牌、保护植物宣传画，以及做稻草人。

【教师反思】

孩子们在动手实践活动中，对艺术的感知与创造得到了发展。种植活动将各领域巧妙地结合起来，用自身的多样性让幼儿在操作中获得多种经验。

（余 莹 闫中方 谢欢欢）

【评析】

陶行知先生说："花草是活书，树木是活书。"丰富多彩的大自然为我们提供了宝贵的教育资源，随着种植活动的开展，给幼儿提供了一个直接感知、实际操作、亲身体验的平台，让幼儿体验劳动的快乐。在探究与合作中分享彼此的经验、发现的喜悦，形成受益终身的学习态度和能力。

大主题的"大"并非指"庞大"或"基础""基本"，而是指"核心"。在大概念、深主题理念下，我们强调少而精，要避免作为核心观点的大主题被细化的活动内容所遮蔽。我们强调围绕核心观点，对其进行结构化构建，综合多种育人因素，通过多课时的、系统化的、层次性的设计，深入体验核心观点内涵。我们的班会课会从构建包罗万象的品格、培养的逻辑结构，转向以大概念、大主题、大单元、大任务、大情境为核心的新框架。

"告诉我，我会忘记；做给我看，我会记住；让我参加，我就会完全理解。"如果我们反复地对学生说：热爱生命就是要正确地看待生命、爱护生命、欣赏生命，是没有任何效用的。道德教育源于生活，生活是其坚实的根基，学习不能脱离生活。同时，道德教育又在以其优越性、理想性的品格，担负着提升、引领生活的使命。纵观这节课，"生命教育"被分解成了一个个的真实情境、一个个的真实任务、一次次的深度体验……孩子们在一次次地与生命的相遇、呵护、培育中，真正领悟到成长的意义。这样的成长将跨越时空，穿越流年，成为留在他们心坎里刻骨铭心的记忆。

二、实现跨领域、跨学科的优化与整合

大概念、深主题系列主题班会，通过统整各种方式（课程、文化、实践、活动、管理、协同），统整各种生活资源，形成了基于"大任务""深主题"的活动、方式、资源的融合，建构成了促进学生德育发展的系统性框架。

这就是大活动理念。大活动理念是一种广泛而深入的理念，它强调将各种活动作为一个整体来考虑，以实现更大的价值和效益。在大活动理念下，各种活动应该相互关联、相互促进，形成一个有机的整体，从而发挥最大的效益。这种理念强调的是跨领域、跨学科的合作，注重资源的整合和优化，以实现活动的最大价值和影响力。这是疫情防控期间，任课教师和班主任通过网络和孩子们共同开展了"我是疫情防控师"为主题的系列活动（表5-4-2）。

表5-4-2

阶段	主题	目标	思趣语文	创意视频	数学思辨	美术创作	云端主题班会
疫情初期	我关注	关注生命关注生态	三字童谣话新冠	坏蛋新冠，我不怕你	新冠数字小发现	一起打坏蛋（新冠）	我是疫情防控师
疫情中期	我感恩	学会感恩体会担当	想象作文：我是防疫设计师	宅家防疫中父母的一天	小小统计师：疫情逝去的那些人	漫画英雄	我是疫情防控师
疫情平稳期	我记忆	学会思辨铭记爱国	谣言止于智者群文阅读	穿越时空告诉你——20年前的新冠疫情	数据分析师	疫情之下小绘本	

整个活动过程从横向看，四个学科的本位知识与防疫主题相互融合，相互推进，引导孩子们在互动中感悟生命的可贵，在实践中体验信念的力量；从纵向看，每个学科的综合实践活动将德育培养与实践创新进行有效整合，由易到难，层层深入，让孩子们在动手中学会感恩与创造，在动脑中学习科学与思辨，引发孩子们对于防疫抗疫的关注与思考。通过跨越时空的连线，将跨学科互动、主题班会、家校协同、社会实践进行了有效的整合，从创意视频（坏蛋新冠，我不怕你；宅家防疫中父母的一天；穿越时空告诉你——20年前的新冠疫情）的录制到创意绘画：一起打坏蛋（新冠）、漫画英雄、疫情之下小绘本的构思，学生创新的素材来源于生活，完全超越教材，实现了综合运用所学知识来解决生活中的难题，完成自我创意的蜕变。

多种视频剪辑手段的融合（快手、抖音、剪映……），让学生足不出户完成与时代的交接，传播信念的力量，实现自我的成长；多种形式的绘画交织（图画、漫画、绘本），引导孩子们用艺术的眼光看待世界，用艺术的创作引领抗疫，实现艺术与创新的融合；多学科共性的整合（绘本"读—绘—创"），引领学生发现自我，用创作的形式表达抗疫的信心，用融合的思维实现自我认知、自我组织和自我表达，实现个人的再次成长，凸显了育人的效果。

美国学者埃德加·戴尔在他的学习金字塔理论中指出，学生在两周后对知识的保持率在5%到90%之间不等。其中，亲身体验学习方式的保持率最高，达到了75%，而其他如听、看等学习方式的保持率都在75%以下。因此，体验式主题班会让学生参与其中，这种方式比教师在讲台上侃侃而谈或家长在家里反复讲道理要有效得多！当我们基于大概念、深主题，明确大任务，并以"大活动"和"大单元"的思维来引领孩子们去体验时，所谓的"深度"和"厚度"才能真正开始体现。

第五节　回归原点，增加体验的效度

主题班会怎样才会更有效？迟希新教授在他的《有效主题班会十讲》中指出，主题班会要做到两个回归：回归常态，回到朴素、简便、易操作的活动组织形式中来；回归实效，褪尽浮华，回到实实在在的教育效果之上。确实，我们不可否认的是，在当前的教育环境中，越来越多的班会课已经偏离了其初衷。原本应该以学生为中心，关注学生真实体验的班会课，现在却常常被各种花哨的表演、灌输式的教育和各种形式的活动所替代。这些看似热闹非凡的班会课，实际上并不能真正帮助学生提升自我，反而可能让他们对班会课产生厌倦和反感。教育的本质应该回归到其最初的出发点，而主题班会的形式更应该回归到以人的需求和发展为重心的原则上，让主题班会真正站在人本立场上。

一、回归原点，关注生命成长

回归原点的教育思想是一种关注教育本质和初心的思考方式。具体来说，它主张教育应该回归到关注人本身，尊重人的天性和个性，注重学生的兴趣、特长和需求，以及培养学生的综合能力、创新精神和终身学习的意识。具体表现在以下几个方面：

（1）尊重学生的天性和个性。每个学生都是独一无二的个体，教育应该尊重学生的天性和个性，充分发挥学生的潜能和特长，提供适合每个学生发展的教育环境和机会。

（2）注重学生的综合能力和创新精神的培养。教育的目标不仅仅是提高学生的知识水平，更重要的是培养学生的综合能力、创新精神和终身学习的意识。

（3）关注学生的心理健康和生活质量。教育不仅是知识的传授，更是对学生身心健康发展的关注。建立完善的心理健康教育机制，关注学生的情感需求和心理健康，提供必要的心理辅导和支持。关注学生的学习环境和文化建设，努力提高学生在校的生活质量。

回归原点，对于一节深度体验型主题班会来讲，在设计和实施活动时，应该从学生的实际需求和兴趣出发，以帮助他们解决实际问题，提高他们的自我认知和自我教育。具体来说，需要关注以下几个方面：

（1）关注学生的需求和兴趣：主题班会应该结合学生的实际需求和兴趣，通过了解学生的特点和差异，设计适合他们的班会活动，帮助他们实现自我发展和自我价值。

（2）注重实践和体验：主题班会应该注重学生的实践和体验，通过引导学生积极参与活动，让他们在实践中发现问题、解决问题，提高他们的实践能力和创新意识。

（3）强调情感交流和价值观引导：主题班会应该强调情感交流和价值观引导，通过情感交流和思想碰撞，帮助学生形成正确的价值观和思想观。同时，班主任也应该注重引导学生在实践中感悟和体验，以增强他们的情感表达和价值观引导的实效性。

（4）关注班会实效性和长远效益：主题班会应该注重实效性和长远效益，不仅要解决学生的当前问题，还应该帮助他们实现长远发展。因此，班主任需要注重班会的总结和评估，以了解班会的效果是否达到了预期目标，并根据学生的反馈和表现，不断调整和改进班会的策略与方法。

总之，结合人本主义思想，所有的活动形式都只是手段，人的发展才是关键。无论班会课的形式如何变化，其核心目标都应该是为了帮助学生提升自我，提高他们的综合素质。我们在追求班会形式的创新的同时，更注重的是班会课的内容质量；我们在致力于主题班会结果呈现精彩的同时，更需要关注其育人的本质属性。

我们要将人的成长和发展作为我们开展主题班会的重要指导原则，关注每个学生的个体差异，尊重他们的兴趣和特长，并为他们提供个性化的学习和发展机会。只有这样，每个学生都能在主题班会中找到自己的价值和意义，实现全面地成长和发展。做到这些，我们便更加接近了教育的初心，也就是教育的原点。

二、大道至简，让灵魂跟得上

大道至简，教育需要注重学生的实际需求和兴趣，注重学生的全面发展，以培养学生的创新精神和实践能力为目标。教育应该以简单、朴素、直接的方式进行，不要过于复杂和烦琐，让学生在学习中获得快乐和满足感，实现教育的初心和使命。

教育需要耐心。教育需要适应每个孩子的特点，给予他们足够的时间去理解和掌握知识。过于急躁或者期望过高，可能会给孩子带来压力和挫折感，影响他们的学习热情和效果。

教育需要持久性。孩子的学习成果不是一蹴而就的，需要时间和耐心去积累。教师和家长应该鼓励孩子持续学习，不怕失败，从失败中学习和成长。

教育也需要灵活性和创新性。在不同的年龄阶段和情境下，教育的方法和内容也需要进行调整。教师和家长应该时刻关注孩子的学习情况和兴趣爱好，不断尝试新的教学方法和策略，以激发孩子的学习热情和创新精神。

总之，教育是一项需要耐心和时间的事业，它涉及每一个学生的成长和发展。我们不能期望通过一次活动、一节班会课或者一项游戏就能够解决所有学生在成长过程中遇到的问题。这是因为每个学生都有他们自身的特点和问题，他们的需求和困扰都是多元化的，需要我们用心去理解和关注。因此，我们需要持续地投入时间和精力，通过多种方式和方法，来帮助学生解决问题，促进他们成长。

教育是一件慢的事业，走得快了，灵魂就跟不上了。对于一节主题班会课来讲，减少不必要的活动形式，减少不必要的活动流程，把深度体验和学习的时间完全交给学生，让课堂慢下来，深度才能提上去，实效才能升上去。

案例：大道至简，无招胜有招

"走过漫漫人生路"主题班会

【班会背景】

（1）依据《中小学德育工作指南》培养阳光、健康的新时代少年，感恩父母，拒绝任性，是时代之需。

（2）作为五年级的孩子，正是自我性格形成的特定年龄段，往往自以为是的任性行为是其显著的特征，需进行正确引导。

（3）近段时间，接到班级中数例任性事件，觉得很有必要进行专题的感恩教育。

【班会目标】

（1）播放任性视频，让学生认识到任性就在我们身边，并在不停发生。

（2）通过父母参与式的深度体验班会活动"漫漫人生路"，让学生心怀感恩。

（3）用集体宣誓的形式，对于班级学生的共同成长更有巨大的促进作用。

【活动准备】

教师准备：

（1）上课课件。

（2）活动道具：眼罩若干。

（3）制作感恩成长记录卡。

学生准备：穿上适合活动的运动鞋。

【家长准备】

邀请部分家长来班级共上感恩主题班会课。

【活动过程】

（1）放视频，勾回忆。

各位同学今年差不多十一二岁了，生活中，你有过这样的行为吗？请大家观看这个视频……

学生：有。

找几人谈谈当时的情景。

小结：是呀，我们的任性行为就在这样悄悄地发生着，也在默默地伤害着我们最亲的人。

（2）做活动，感受爱。

导语：这十几年中，我们用任性伤害着父母，可是我们的父母却是怎样照顾着我们呢？接下来邀请今天从百忙中抽空来参加我们班会课的家长朋友和他们的孩子们。请所有人保持安静。

"漫漫人生路"：为了更真切、深刻地体验在我们的成长中，家长的付出，请参加体验活动的学生戴上眼罩，家长护送你们再次走过曾经的数十年时光。

① 活动后，教师分享，带领学生回忆。

② 找参加活动的学生和家长数名，谈谈自己的感受。

小结：杨绛说，一个家庭最大的福报是养出感恩的孩子。

（3）共宣誓，孝父母。

导语：全世界都在催你长大，只有你的父母包容你的任性，父母的恩情你是一辈子都偿还不清的！

请家长站到讲台上两侧。全体学生起立，举起右手，一起大声宣誓：

亲爱的爸爸妈妈，我们决心做到：

要尊敬父母，绝不自宠独尊！要爱怜父母，绝不负心冷漠！

要心疼父母，绝不心安理得！要关心父母，绝不只顾自己！

要帮助父母，绝不事事依赖！要善解父母，绝不骄横任性！

要回报父母，绝不忘恩负义！要侍奉父母，绝不盲目疏亲！

要赡养父母，绝不嫌弃长辈！要慰藉父母，绝不荒学掉队！

宣誓人：×××

小结：铮铮誓言已立，愿我们都做感恩之人。

（4）后跟进，乐成长。

导语：为见证你们的成长，希望今后我们可以把生活中自己做的感恩的事情记录下来，做一个新时代的感恩好少年（表5-5-1）。

表5-5-1

感恩成长记录卡　　　　姓名：

序号	时间	事情	评价★★★

记录生活中自己感恩的事请，见证自己的成长，并为自己进行星级评价！

（王景锋）

附：

"漫漫人生路"分享材料：拓展训练项目"漫漫人生路"游戏规则

（1）教师和学生组成二人小组，学生用眼罩蒙住双眼为盲人，家长不许说话为哑人，哑人要帮助盲人走完规定的路线，并且只能用提前沟通好的动作来提示盲人。

（2）整个路段要经过多处障碍，教师可以利用班级的台阶、桌凳等组建障碍物，让家长领着学生跨过一个又一个地方。

（3）几位家长组成人梯，让学生踏过人梯，走向成功。

（4）教师深情渲染。

【评析】

这是一节简单至极的课，教师只是设计了"观看一次视频""参加一次体验活动""谈一谈自己的感受""列出自己的规划"四个环节，却在深度体验中让全场学生、家长、教师落泪。没有任何花哨的活动，没有什么华丽的辞藻，这可能就是我们追求的大道至简，不华丽却直指人心，不取宠却直达生命。

当我们把人作为目的而非工具，当我们把每一节班会课当作孩子生命的再一次拔节、生长、完善的过程，而不是让孩子成为工具时，我们便有了直面生命的自信与勇气。我们的课、我们的育人观便真正接近了教育的本质，我们便真正把教育置于人本的立场上了。

这是我们所有教师毕生的追求，也是我们每一位班主任的责任与使命。

后记

经历了近半年的撰写，这本带着团队集体智慧的书籍终于完稿了。这是我们团队的处女作，人生的第一次。这是一次富有挑战但又令人兴奋的经历。

我要感谢工作室团队成员的支持和帮助，正是你们提供了20余篇近乎完美的班会设计，我才有幸作为大家中第一个"吃螃蟹的人"，蹒跚着、小心翼翼地迈出了第一步；我要感谢我的学校，当我把写书这一想法告诉中心校朱玉会校长和四小王军晓校长时，他们都给予了我最大的支持。从人员组织到整体协调，从具体谋划到细节推敲，他们都付出了大量的心血，给予了最细心的指导。正因如此，我才有信心和勇气完成人生的这一巨大的挑战；同样，我还想感谢《教育时报》的吴松超主任。书稿第一版写好后，我第一时间联系了他，当时他正在对第二批工作室进行届满验收。忙碌了一周后，他没有停歇，用了一天时间浏览书稿，提出了宝贵的意见。正因为此，才有了书稿质量的又一次提升。

什么样的主题班会是一节好的班会？主题班会课该怎么设计才有效？实施的时候应该注意什么？这些问题，如果放在三年前，自己就是一个彻彻底底的"小白"。从三年前的不太了解到今天这本书的诞生，是什么加速了我们的成长呢？作为给大家蹚路的我和大家分享一些自己写作的经历。

第一，有针对性地阅读。2023年开年，工作室就针对成员的"六力"培养向大家推荐了几本书。其中围绕"班会设计与实施力"培养的有两本必读书，一本是迟希新老师的《有效主题班会十讲》，另外一本是秦望老师的《微班会创意设计与实施》。只读完是不行的，我们细致地对两本书进行了精读，包括书籍撰写背景、书籍的主要内容、书籍的主要理念、书籍的实践运用等诸多方面。"最有效的学习方法是将自己学到的讲给别人听",一次导读下来,整本书的内容熟记于心。也就是这两次导读,迅速让工作室主题班会的研究走在了全市前列,不断有来自全市各个县区的学校邀请我们讲座。

第二,不断地反思修改。每讲一次,自己对于其中的理念、做法的理解就更深一层。建立在导读课件的基础上,每讲一次,我都会对原内容进行一些基于自己反思的调整。慢慢地,原书中的内容越来越少,自己反思的内容越来越多。在不断地反思、修改中,我慢慢地形成了自己一个长达5小时的讲座。

第三,实践中验证提炼。南阳市万名班主任大比武给我们提供了一个更为广阔的平台,百余节优秀案例的观摩学习也让自己更为深刻地反省与思考。到底什么样的班会课才会是更有效的?什么样的班会课才是适合学生发展的?我询问了很多教师,他们说情感共鸣是一大难题。于是,熬了几个夜晚,我认真地梳理出了主题班会中实现师生情感有效共鸣的五种方法,得到了大家的一致认可。结合案例,我逐步地形成了"深度体验型主题班会"设计与实施的初步想法。我把它形成了一个完全属于自己实践与思考的课件,并把它搬到了河南省智慧书院的舞台上,引起了巨大反响。

第四,把课件写成一本书。大量的素材、大量的想法一起涌向我的时候,我突然就产生了一个大胆的想法,我要写一本书,一本自己的书。我就盯着我的课件,构思着自己的思路。从一个字写起,从一个小节写起,从一个章节写起。写着写着,会突然发现没了思路;写着写着,会突然发现前后失去关联;写着写着,会突然发现前后有些重复……无数次地修改,无数次地推倒再来,我终于明白了什么是"吟安一个字,捻断数茎须"。这时候,你需要做的是和自己较劲,没有人会随随便便成功。终于,这本书完稿了。

第五,找个专家来指路。"丑媳妇总要见公婆",书写得逻辑性怎样?有没有错误的地方?怎样修改才会更有价值?我们虽然第一次写,但总想让它更好!这时候,免不了要找一个高人来指点。我就找到了老朋友吴松超,他两页的文稿为我指点迷津,让我对书稿的价值进行了再一次的重新定位。

终于,战战兢兢地拿出了这本书。仔细审阅,还是会有很多瑕疵,和专家的书籍相比,理论性和成熟度还不够。但不影响阅读,如果你是一个"小白"，案例式的解读，一定会让你明晰班会课基本的设计思路和实施策略。如果你是一个班会课高手，也能从这本书中发现自己过往没留意的细微之处，它可能就是您走过的路，我们走过的路……

这本书的完成只是我们旅程的起点，期待着您的喜欢！期待着未来能够与更多的人一起探索和创造更多的教育机会！期待着下一本书的诞生！

吴景殿

2023年11月5日夜